WordPress 6 Schnelleinstieg

D1698517

Vladimir Simović
Thordis Bonfranchi-Simović

WordPress 6

Schnelleinstieg

Blogs und Webseiten erstellen
Einfach und ohne Vorkenntnisse

mitp

Bibliografische Information der Deutschen Nationalbibliothek
Die Deutsche Nationalbibliothek verzeichnet diese Publikation in der Deutschen
Nationalbibliografie; detaillierte bibliografische Daten sind im Internet über
http://dnb.d-nb.de abrufbar.

Bei der Herstellung des Werkes haben wir uns zukunftsbewusst für umweltverträgliche
und wiederverwertbare Materialien entschieden.
Der Inhalt ist auf elementar chlorfreiem Papier gedruckt.

ISBN 978-3-7475-0479-6
1. Auflage 2023

www.mitp.de
E-Mail: mitp-verlag@sigloch.de
Telefon: +49 7953 / 7189 - 079
Telefax: +49 7953 / 7189 - 082

Lektorat: Janina Bahlmann
Sprachkorrektorat: Petra Heubach-Erdmann
Cover: Christian Kalkert
Satz: Petra Kleinwegen
Druck: Plump Druck & Medien GmbH, Rheinbreitbach

Inhalt

3 Seiten und Beiträge verfassen und bearbeiten 57

5 Funktionalität erweitern mit Plugins 189

Einleitung

E.1 Was ist WordPress?

WordPress ist ein freies Content-Management-System (CMS). WordPress wurde ab 2003 von Matthew Mullenweg als Software für Weblogs programmiert. Blogs gab es bereits seit den 90er-Jahren und für die Veröffentlichung standen verschiedene Programme bzw. Skripte zur Verfügung. WordPress stach aber heraus durch das Einhalten von Webstandards sowie die Benutzerfreundlichkeit bei gleichzeitiger Flexibilität.

CMS

Ein Content-Management-System (kurz CMS, deutsch Inhaltsverwaltungssystem) ist eine Software zur Erstellung, Bearbeitung, Organisation und Darstellung digitaler Inhalte (Content). Diese Inhalte werden auf einer Website präsentiert, sie können aus Text- und Multimedia-Dokumenten bestehen.

Ein CMS kann meist ohne oder mit wenig Programmier- oder HTML-Kenntnissen bedient werden, da die Mehrzahl der Systeme über eine grafische Benutzeroberfläche verfügt.

WordPress wurde und wird als Open-Source-Projekt ständig weiterentwickelt. Heute wird es von über 43 Prozent[1] aller Websites verwendet, deren CMS bekannt ist, und ist damit das am weitesten verbreitete System für deren Betrieb. Von einer Million der meistbesuchten Websites verwendet etwa ein Drittel WordPress.

Open Source

Unter Open Source (engl. für »offene Quelle«), wird Software verstanden, deren Quellcode für jeden öffentlich zugänglich ist. Er kann von Dritten eingesehen, verändert und genutzt werden.

---

[1] *https://w3techs.com/technologies/overview/content_management*

WordPress bezeichnet sich selbst als

Powerful and empowering (dt.: leistungsstark und befähigend)

(Quelle: wordpress.org[2])

Um den Nutzern ein leistungsstarkes System zu bieten und sie damit zu befähigen, eigene Inhalte zu publizieren und Ideen umzusetzen, stehen vier Aspekte im Fokus:

1. **Gestaltung ganz nach Ihrem Geschmack**

   WordPress bietet Ihnen eine »leere Leinwand«. Sie können dabei nicht nur das Design (mit Themes), sondern auch die Funktionalität (mit Plugins) Ihrer Website ganz an Ihren Geschmack und Ihre Anforderungen anpassen.

2. **Erweiterbarkeit**

   WordPress kann mit mehreren Zehntausend Plugins in seiner Funktionalität erweitert werden, sodass Sie daraus eine Website, einen Shop, ein Portfolio oder sogar ein soziales Netzwerk aufbauen können.

3. **Uneingeschränkte Eigentümerschaft**

   Wenn Sie WordPress auf dem eigenen Webspace installieren, gehören das Design und die Daten Ihnen.

4. **Zuverlässigkeit und Vertrauen**

   Die Open-Source-Software WordPress wird von einer weltweiten Gemeinschaft an Entwicklern stetig weiterentwickelt. So bleibt WordPress »so stabil und sicher wie möglich«.

In den folgenden Kapiteln möchten wir Ihnen zeigen, was das ganz konkret bedeutet, und möchten Ihnen anhand vieler Beispiele zeigen, wie Sie eine eigene Website mit WordPress installieren, gestalten und betreiben können.

Dabei zeigen wir Ihnen, wie Sie WordPress nach Ihrem Geschmack gestalten, wie Sie Inhalte einbinden und die Funktionalität erweitern. Mit der Installation auf dem eigenen Webspace haben Sie die maximale Freiheit über Ihre eigenen Inhalte, können aber gleichzeitig auf das Engagement einer weltweit tätigen Gemeinschaft vertrauen, die WordPress stetig weiterentwickelt und optimiert.

---

[2] *https://wordpress.org*

Eine gute Inspirationsquelle dafür, was mit WordPress alles möglich ist, bietet der Showcase[3] von *WordPress.org* selbst.

Wir wünschen Ihnen mit diesem Buch und mit WordPress viel Spaß und Erfolg.

Thordis Bonfranchi-Simović &
Vladimir Simović

E.2 Kostenloses E-Book

Geben Sie den unten stehenden Code unter

https://mitp.code-load.de/

in das Textfeld ein und klicken Sie auf EINLÖSEN, um das E-Book (als PDF und EPUB) herunterzuladen.

7b14x61467

E.3 Fragen und Feedback

Unsere Verlagsprodukte werden mit großer Sorgfalt erstellt. Sollten Sie trotzdem einen Fehler bemerken oder eine andere Anmerkung zum Buch haben, freuen wir uns über eine direkte Rückmeldung an *lektorat@mitp.de*.

Falls es zu diesem Buch bereits eine Errata-Liste gibt, finden Sie diese unter *www.mitp.de/0479* im Reiter DOWNLOADS.

---

[3] *https://wordpress.org/showcase/*

Kapitel 1

WordPress installieren und grundlegende Einstellungen

Nachdem Sie im ersten Kapitel erfahren haben, was WordPress ist, wie es entstanden ist und wo man es überall einsetzen kann, geht es nun darum, WordPress zu installieren und grundlegende Einstellungen vorzunehmen.

Zusätzlich dazu geht es auch schon um die wichtigen Themen Backups, Updates und Sicherheit und wie diese zusammenhängen.

WordPress.org vs. WordPress.com

Am Anfang kann es für Einsteiger verwirrend wirken, dass es sowohl die Domain *WordPress.org* als auch die Domain *WordPress.com* gibt. Was ist der Unterschied?

Auf WordPress.org[1] befindet sich das Projekt WordPress mit der Dokumentation, mit den Erweiterungen und den kostenlosen Themes. Hier finden Sie auch das Paket[2], das Sie herunterladen und auf Ihrem Server installieren können.

WordPress.com[3] dagegen ist ein kommerzieller Dienst, bei dem Sie Ihre Website einrichten können. Grundlegende Funktionen sind kostenlos, aber sobald Sie weitere Funktionen wie zum Beispiel eine eigene Domain wünschen, dann kostet das.

---

1 *https://wordpress.org*
2 *https://wordpress.org/download/*
3 *https://wordpress.com/de/*

1.1   Voraussetzungen

Bevor Sie mit der Installation von WordPress beginnen, sollten Sie sich vergewissern, ob der Server bzw. Webspace, auf dem Sie die Installation durchführen möchten, auch alle Voraussetzungen erfüllt.

Zurzeit sind das für WordPress 6 die folgenden:

- Webspace, am besten mit Apache als Webserver
- PHP ab der Version 7.4
- MySQL-Datenbank ab der Version 5.7, alternativ MariaDB ab Version 10.3
- https-Unterstützung

Außerdem sollten Sie sich über folgende Punkte Klarheit verschaffen:

- Ist die Datenbank installiert und kennen Sie die Zugangsdaten?
- Haben Sie einen FTP-Zugang und kennen Sie dessen Zugangsdaten?
- Haben Sie ein FTP-Programm, einen Texteditor und ein Entpack-Programm für Zip-Dateien zur Verfügung?
- *Optional:* Haben Sie Zugriff auf die *.htaccess*-Datei? Falls ja, können Sie hier u. a. Weiterleitungen oder einen Passwortschutz einrichten oder auch Anweisungen für das Caching hinterlegen.
- *Optional:* Wird Apache als Webserver eingesetzt und ist sein Modul *mod_rewrite* aktiv? Dies benötigen Sie, damit Sie »sprechende URLs« erstellen können.

Können Sie alle Punkte mit »Ja« beantworten, steht der Installation von WordPress nichts mehr im Wege.

1.2   Die 5-Minuten-Installation

1.2.1   Herunterladen

Die aktuelle Version von WordPress erhalten Sie an verschiedenen Stellen: Die deutsche Version ist unter anderem auf der offiziellen de-Website[4] verfügbar.

Nachdem Sie das gezippte Paket heruntergeladen haben, müssen Sie es zunächst entpacken.

---

4   *https://de.wordpress.org/download/*

1.2.2 Hochladen

Laden Sie nun alle WordPress-Dateien mit einem FTP-Programm auf Ihren Serverplatz und rufen Sie die Installationsdatei auf. Fahren Sie mit der Begrüßung von WordPress fort.

FTP-Programm

Mithilfe eines FTP-Programms können Sie Dateien von Ihrem Rechner (Client) auf einen Server hochladen. Die Abkürzung FTP steht dabei für File Transfer Protocol, also Dateiübertragungsprotokoll. Die Zugangsdaten, die Sie benötigen, um auf Ihren Server zugreifen zu können, bekommen Sie bei Ihrem Hoster.

Ein verbreitetes FTP-Programm wäre beispielsweise FileZilla[5]. Hierbei handelt es sich um eine freie Software, die für die Betriebssysteme Windows, macOS und Linux zur Verfügung steht.

1.2.3 Installieren

Nach dem Hochladen auf den Server müssen Sie die Konfigurationsdatei *setup-config.php* aufrufen, die sich im Ordner *wp-admin* befindet. Die Adresse, die Sie im Browser aufrufen müssen, lautet also:

www.meine-blog-adresse.de/wp-admin/setup-config.php

Meistens reicht es aus, die Domain aufzurufen, und Sie werden automatisch zur Konfigurationsdatei weitergeleitet.

Wenn Sie nicht das deutsche Sprachpaket installieren, müssen Sie zunächst die Sprache auswählen, in der WordPress installiert werden soll (siehe Abbildung 1.1).

Zunächst wird Ihnen mitgeteilt, welche Zugangsdaten Sie für die Installation benötigen (siehe Abbildung 1.2).

1. Datenbank-Name
2. Datenbank-Benutzername
3. Datenbank-Passwort
4. Datenbank-Server
5. Tabellen-Präfix

---

5 *https://filezilla-project.org*

Abbildung 1.1: Sprachauswahl bei der Installation von WordPress

Abbildung 1.2: Los geht's!

Als Nächstes müssen Sie die Details für die Konfigurationsdatei *wp-config.php* angeben. Sie beziehen sich auf die Datenbank, in der WordPress sämtliche Inhalte und Einstellungen speichern wird. Mit der Ausnahme von hochgeladenen Dateien (Bilder, Audio, Video etc.) sowie den installierten Plugins und Themes befinden sich nur die WordPress-Core-Dateien auf Ihrem Server. Alle Textinhalte und Einstellungen für WordPress selbst sowie auch für die installierten Plugins und Themes werden in der Datenbank gespeichert.

Abbildung 1.3: Angaben für die Konfigurationsdatei

Sie müssen das Formular mit den Informationen ausfüllen, die Sie von Ihrem Hoster erhalten haben. In den meisten Fällen finden Sie diese Informationen in der Verwaltungsoberfläche Ihres Webkontos oder in der E-Mail, die Sie bei der Registrierung von Ihrem Provider erhalten haben. Mehrheitlich ist es notwendig, dass Sie selbst noch eine Datenbank anlegen. Wie das geht, erfahren Sie von Ihrem Provider.

Konkret müssen Sie im Formular den Namen der Datenbank angeben, dann den Benutzernamen und das Passwort. Den Wert *localhost* können Sie in den meisten Fällen unverändert lassen, falls Ihr Provider Ihnen nicht etwas anderes mitgeteilt hat.

Als Datenbankpräfix wird der Wert *wp_* vorgegeben. Dies ist das Präfix für die einzelnen Datenbanktabellen, in denen alle Inhalte und Einstellungen gespeichert werden.

Datenbankpräfix

Aus Sicherheitsgründen wird oft empfohlen, ein anderes Präfix zu wählen, aber der Sicherheitsgewinn durch diese Maßnahme ist bestenfalls gering. Dennoch empfehlen auch wir, ein individuelles Präfix zu wählen. Warum?

Zum einen, weil die Maßnahme in wenigen Sekunden erledigt ist und nur einmal durchgeführt werden muss. Zum anderen müssen Sie, wenn Sie mehrere WordPress-Installationen in einer Datenbank unterbringen wollen, auf jeden Fall mit individuellen Präfixen arbeiten. Andernfalls verweigert das Installationsskript die Durchführung der Installation, wenn bereits eine Installation mit demselben Präfix in der Datenbank vorhanden ist. Das ist auch wünschenswert, denn so wird die bestehende Installation nicht überschrieben.

Ein individuelles Präfix könnte z. B. so aussehen: *my_blog_*. In der Datenbank hätten Sie dann u. a. eine Tabelle *my_blog_posts* und *my_blog_options*.

Schon nach kurzer Zeit erscheint die Willkommensnachricht von WordPress, wie in Abbildung 1.4 gezeigt.

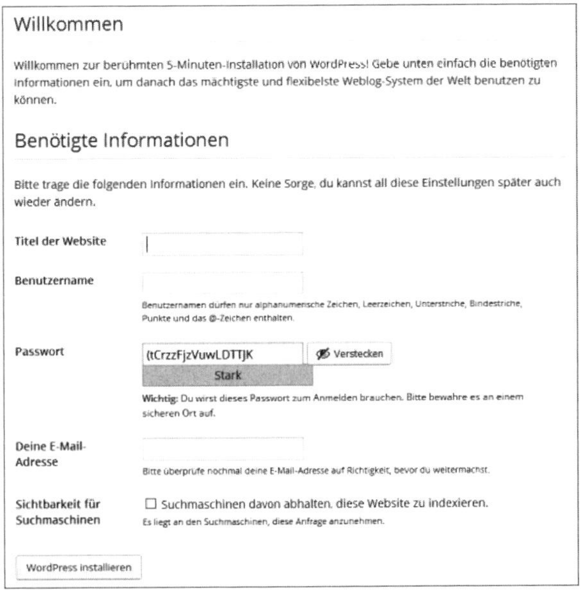

Abbildung 1.4: WordPress-Begrüßung

Sollten Sie eine Fehlermeldung und keine Willkommensnachricht erhalten, möchten wir Sie auf den nächsten Abschnitt in diesem Kapitel verweisen.

In dem nun angezeigten Formular können respektive müssen Sie nun einige Informationen eingeben:

- Titel der Website
- Benutzername
- Kennwort
- E-Mail-Adresse des Administrators

Der Seitentitel, genauer ausgedrückt der Titel der Website, den Sie hier eingeben, erscheint je nach verwendetem Theme im Kopfbereich und wird als Teil der Kopf-, genauer ausgedrückt Titelleiste des Browsers angezeigt. Sie können den Namen jederzeit in den Einstellungen (Menüpunkt: Einstellungen|Allgemein) ändern.

Bei der Wahl des Benutzernamens sollten Sie niemals den üblichen Standardnamen admin, administrator o. Ä. verwenden. Wenn Sie einen individuelleren Namen verwenden, verringern Sie das Risiko, dass potenzielle Angreifer mithilfe von Skripten versuchen, auf vielfältige Art und Weise in Ihr Weblog einzudringen. Der Standard-Benutzername ist vergleichbar mit einem gekippten Fenster oder einer unzureichend verschlossenen Wohnungstür.

Auch bei der Wahl Ihres Passworts sollten Sie auf Sicherheit achten. Das Passwort sollte mindestens neun Zeichen haben und auf jeden Fall mindestens aus Groß- und Kleinbuchstaben bestehen. Noch besser ist es, wenn Zahlen und Sonderzeichen – zum Beispiel ! oder ? – enthalten sind. Es ist nicht die schlechteste Idee, das von WordPress generierte Passwort zu verwenden.

Die E-Mail-Adresse sollte Ihre eigene und gültig sein, da an diese Adresse ein neues Passwort geschickt wird, wenn Sie Ihr ursprüngliches beispielsweise verlieren. Sie können die Adresse später in den Einstellungen (Menüpunkt: Einstellungen|Allgemein) ändern.

Unterhalb der Eingabefelder befindet sich eine Checkbox mit folgendem Text:

Verhindern Sie, dass Suchmaschinen diese Website indizieren.

Diese Option ist standardmäßig deaktiviert. Sie sollten sie aktivieren, wenn Sie zunächst in Ruhe an Ihrem Weblog arbeiten wollen, ohne dass diverse Dienste und das »Bloggerdorf« wissen, dass ein neues Weblog das Licht der Welt erblickt hat. Zu einem späteren Zeitpunkt können Sie diese Funktion in den Einstellungen (Menüpunkt: Einstellungen|Datenschutz) wieder deaktivieren.

Die Erfolgsmeldung nach so wenigen Einstellungen wird Sie hoffentlich erfreuen.

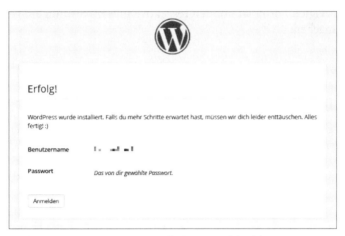

Erfolg!

WordPress wurde installiert. Falls du mehr Schritte erwartet hast, müssen wir dich leider enttäuschen. Alles fertig! :)

Benutzername

Passwort   *Das von dir gewählte Passwort.*

Anmelden

Abbildung 1.5: Die WordPress-Installation war erfolgreich!

Sie haben WordPress nun erfolgreich installiert.

1.2.4 Mögliche Fehler bei der Installation

Natürlich können während der Installation Fehlermeldungen auftreten. In den allermeisten Fällen sind diese allerdings auf falsche Einträge in der Konfigurationsdatei zurückzuführen.

Überprüfen Sie daher im Formular nochmals die folgenden Einstellungen:

- Kennen Sie den korrekten Datenbanknamen und haben Sie ihn in der Konfigurationsdatei richtig vermerkt?
- Kennen Sie den korrekten Benutzernamen für die Datenbank und haben Sie diesen in der Konfigurationsdatei korrekt vermerkt?
- Kennen Sie das richtige Passwort für die Datenbank und haben Sie es in der Konfigurationsdatei korrekt vermerkt?

Ein weiterer häufiger Fehler ist, dass das gewählte Datenbankpräfix bereits existiert – aufgrund einer früheren Installation. Auch in diesem Fall erhalten Sie eine entsprechende Fehlermeldung.

1.3 Willkommen bei WordPress!

In diesem Abschnitt geht es nun um die Anpassung von WordPress an Ihre Bedürfnisse.

Nachdem Sie sich zum ersten Mal bei WordPress angemeldet haben, wird Ihnen ein Willkommensfenster angezeigt, das wichtige Links enthält, die neuen Benutzern den Einstieg erleichtern. Von hier aus können Sie Ihre erste Seite erstellen oder mit den Anpassungen beginnen. Wir werden in diesem Abschnitt auf alle relevanten Bereiche eingehen.

Frontend und Backend

Unter dem Begriff **Frontend** wird im Web der Bereich verstanden, der Besuchern der Website angezeigt wird. Man könnte auch vom »öffentlichen Bereich« sprechen. Der Begriff **Backend** meint den Administrationsbereich, den nur eingeloggte Benutzer aufrufen können. Hier werden die Inhalte erstellt und Einstellungen angepasst.

Doch bevor wir beginnen, sollten Sie einmal schauen, wie die Website (also das Frontend) aussieht. So können Sie sich ein besseres Bild davon machen, was genau Sie mit den verschiedenen Einstellungen bewirken.

Sie erreichen Ihre Website über den Aufruf Ihrer Domain, auf der Sie WordPress installiert haben:

www.meine-blog-adresse.de

Alternativ dazu können Sie auch über den Direktlink, der sich in der Adminleiste des Backends oben links (rechts neben dem WordPress-Logo) befindet, ins Frontend wechseln (siehe Abbildung 1.6).

Im linken Kopfbereich sehen Sie den von Ihnen gewählten Blogtitel und rechts einen Menüeintrag zur Beispiel-Seite. Im Inhaltsbereich finden Sie den ersten Beitrag, der klassischerweise »Hallo Welt« heißt.

In das Administrationsmenü gelangen Sie zurück, wenn Sie das Dropdown-Menü öffnen, das sich hinter dem Blogtitel in der Administrationsleiste befindet (siehe Abbildung 1.7).

Abbildung 1.6: Hallo Welt

Abbildung 1.7: Zurück ins Backend

Adminleiste

Die Adminleiste im Frontend wird nur angezeigt, wenn Sie eingeloggt sind und diese Option nicht deaktiviert haben. Wenn Sie die Website besuchen, während Sie abgemeldet sind, und auf der Seite selbst kein direkter Link zum Einloggen vorhanden ist, rufen Sie einfach die Webadresse *www.meine-website.de/wp-login.php* oder *www.meine-website.de/wp-admin/* auf, um zum Login-Bereich zu gelangen.

1.4   Grundlegende Einstellungen

Das Menü im WordPress-Backend umfasst die folgenden Punkte:

1. Dashboard
2. Beiträge
3. Medien
4. Seiten
5. Kommentare
6. Design
7. Plugins
8. Benutzer
9. Werkzeuge
10. Einstellungen

Die grundlegenden Einstellungen finden Sie beim letzten Menüpunkt. Er ist wiederum in Unterpunkte unterteilt.

1.4.1   Allgemein

In den allgemeinen Einstellungen geht es vorrangig um einige administrative Einstellungen zu Ihrer WordPress-Installation (siehe Abbildung 1.8).

Hier empfiehlt es sich, v. a. den Untertitel anzupassen, da dieser den Standard-Wert »Eine weitere WordPress-Website« enthält. Geben Sie einfach einen passenden Untertitel für Ihre Website in das entsprechende Textfeld ein – natürlich können Sie das Feld auch leer lassen. Der Untertitel kann jedoch in den Suchergebnissen oder beim Teilen auf sozialen Medien verwendet werden, auch wenn er nicht im Design des Themes angezeigt wird.

In diesem Abschnitt können Sie auch den **Titel der Website** und die **Administrator-E-Mail-Adresse** ändern, die Sie bei der Installation angegeben haben.

Der nächste Punkt, den Sie hier finden, ist die Option zur **Sprache**. Hier können Sie auswählen, welches Sprachpaket verwendet oder zusätzlich installiert werden soll. Zurzeit kann man aus über 100 verschiedenen Sprachpaketen wählen.

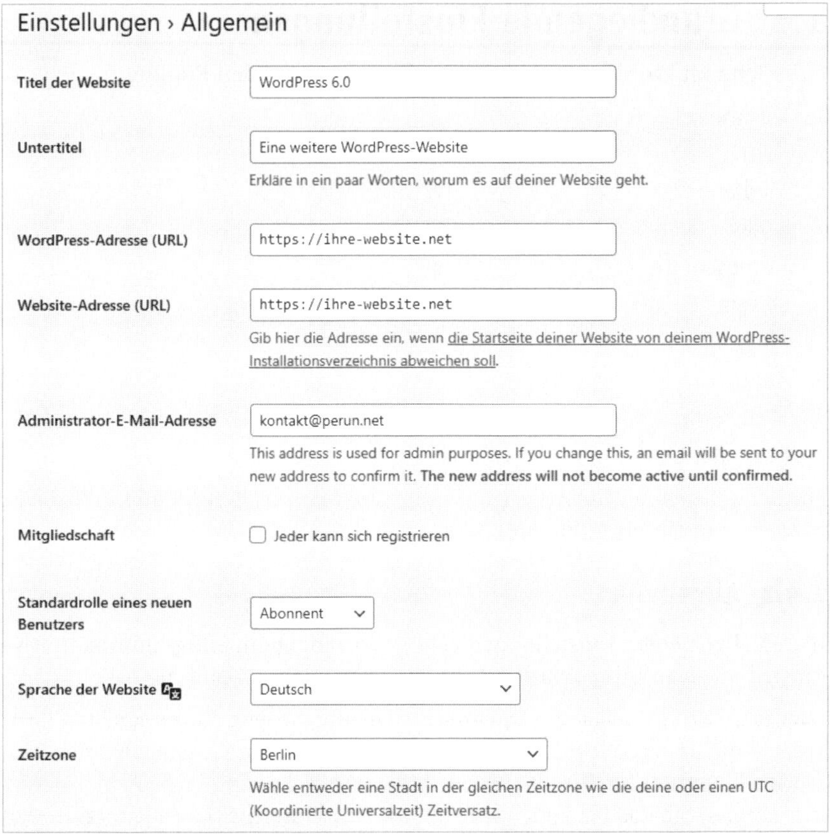

Einstellungen › Allgemein

Titel der Website	WordPress 6.0
Untertitel	Eine weitere WordPress-Website
	Erkläre in ein paar Worten, worum es auf deiner Website geht.
WordPress-Adresse (URL)	`https://ihre-website.net`
Website-Adresse (URL)	`https://ihre-website.net`
	Gib hier die Adresse ein, wenn die Startseite deiner Website von deinem WordPress-Installationsverzeichnis abweichen soll.
Administrator-E-Mail-Adresse	kontakt@perun.net
	This address is used for admin purposes. If you change this, an email will be sent to your new address to confirm it. **The new address will not become active until confirmed.**
Mitgliedschaft	☐ Jeder kann sich registrieren
Standardrolle eines neuen Benutzers	Abonnent ⌄
Sprache der Website 🔲	Deutsch ⌄
Zeitzone	Berlin ⌄
	Wähle entweder eine Stadt in der gleichen Zeitzone wie deine oder einen UTC (Koordinierte Universalzeit) Zeitversatz.

Abbildung 1.8: Allgemeine Einstellungen

Die installierten Sprachdateien können vom Admin verwendet werden, um einzustellen, welche Sprache für die Website verwendet wird (Frontend), sie stehen aber auch als Backend-Sprachen zur Verfügung. Im Profil der jeweiligen Benutzer (Menüpunkt: BENUTZER|IHR PROFIL) kann nämlich ausgewählt werden, in welcher Sprache das Backend angezeigt werden soll. Seit WordPress-Version 5.9 kann dies auch beim Einloggen ausgewählt werden. Dies ist unabhängig (!) von der Sprache, in der WordPress im Frontend, d. h. für Besucher, angezeigt wird.

Sprachpaket installieren

Um ein zusätzliches Sprachpaket zu installieren, reicht es, die gewünschte Sprache aus der Dropdown-Liste auszuwählen und die Einstellungen zu speichern. Wenn diese Sprache aber nur im Backend für Nutzer zur Verfügung stehen soll und nicht im Frontend, müssen Sie die Sprache anschließend wieder wechseln. Das neu installierte Sprachpaket steht dann Nutzern zur Verfügung, hat aber keine Auswirkung auf die Darstellung im Frontend.

Zu guter Letzt können Sie noch Ihre **Zeitzone** sowie das **Datums- und Zeitformat** und den **ersten Tag der Woche** einstellen.

Vergessen Sie nicht, Ihre Eingaben mit einem Klick auf die Schaltfläche ÄNDERUNGEN SPEICHERN zu bestätigen.

1.4.2 Schreiben – Einstellungen für das Schreiben von Beiträgen

Die Einstellungen in diesem Bereich beziehen sich ausschließlich auf die Beiträge Ihrer Website, nicht auf die Seiten. Zunächst legen Sie die **Standardkategorie** und die **Standardvorlage** für Ihre Beiträge fest. Das heißt, wenn Sie einen Beitrag schreiben und keine Kategorie und/oder Formatvorlage auswählen, wird der Beitrag in dieser Kategorie mit der entsprechenden Formatvorlage veröffentlicht.

Schreiben per E-Mail

Mit WordPress ist es auch möglich, Beiträge per E-Mail zu veröffentlichen. Dazu müssen Sie ein E-Mail-Konto einrichten, das nur die jeweiligen Redakteure und Autoren kennen sollten, denn alle E-Mails, die an diese Adresse geschickt werden, werden automatisch als Beitrag veröffentlicht.

Um Spammern das Leben schwer(er) zu machen, empfiehlt es sich außerdem, ein exotisches Präfix für die Adresse zu verwenden. Ein gutes Beispiel wäre *bl274brghl-7azrq@perun.net*, ein schlechtes *kontakt@perun.net* oder *info@perun.net*.

Um diese Funktion zu nutzen, müssen Sie den Mailserver, den Port, Ihren Login-Namen, das Passwort und eine Standardkategorie angeben, in der die Mails veröffentlicht werden sollen.

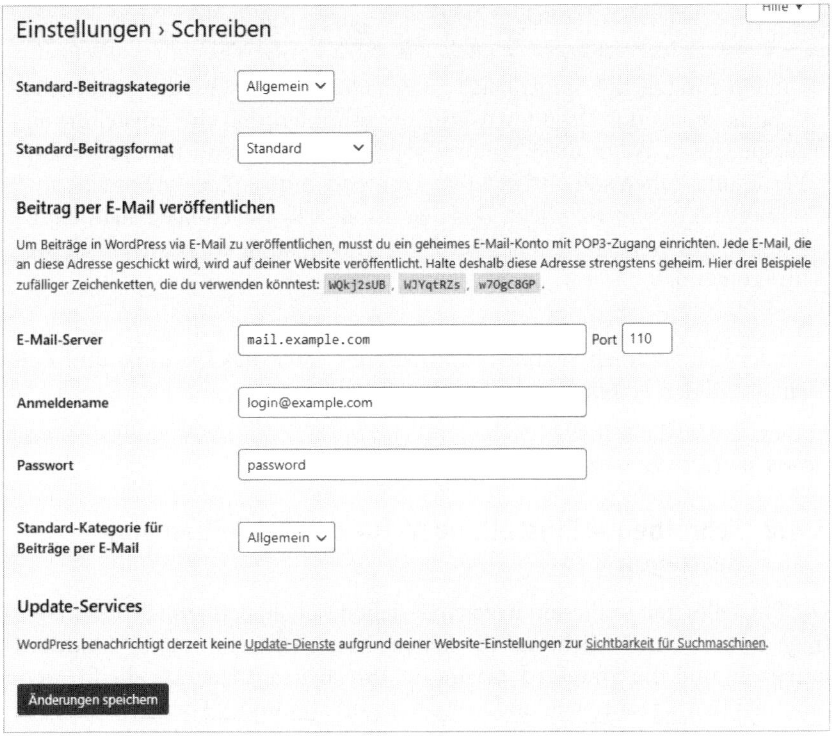

Abbildung 1.9: Schreibeinstellungen

Dienste aktualisieren

Im unteren Teil dieses Unterabschnitts haben Sie die Möglichkeit, die Aktualisierungsdienste zu verwalten. Hier benachrichtigt Ihr Weblog einen bestimmten Dienst oder eine Website darüber, dass es etwas Neues in Ihrem Weblog gibt. Da Sie aber bei der Installation die Checkbox *Verhindern Sie, dass Suchmaschinen diese Website indizieren* angekreuzt haben, wenn Sie der Anleitung in Abschnitt 1.2.3 »Installieren« gefolgt sind, ist logischerweise auch die Benachrichtigung der Ping-Dienste deaktiviert.

Sie können die Benachrichtigungsfunktion hier jederzeit wieder aktivieren oder deaktivieren. Klicken Sie dazu auf den Link Sɪᴄʜᴛʙᴀʀᴋᴇɪᴛ ꜰüʀ Sᴜᴄʜᴍᴀsᴄʜɪɴᴇɴ und aktivieren Sie im Unterabschnitt Eɪɴsᴛᴇʟʟᴜɴɢᴇɴ|Lᴇsᴇɴ die Suchmaschinensichtbarkeit Ihrer Website.

1.4.3   Lesen – Startseite, Blogseite und Newsfeed konfigurieren

Im Bereich EINSTELLUNGEN|LESEN geht es vorrangig um die Präsentation der Inhalte auf Ihrer Website.

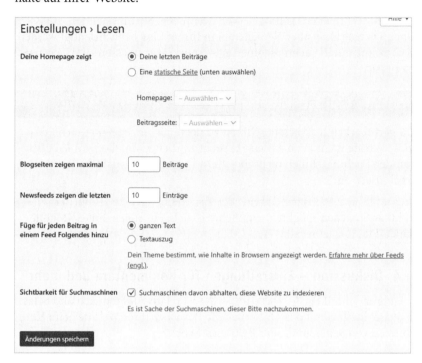

Abbildung 1.10: Leseeinstellungen

Hier können Sie die folgenden Parameter festlegen:

- Welcher Inhalt soll als Startseite respektive Homepage angezeigt werden? – Eine Blogseite, also eine Seite mit den neuesten Beiträgen oder eine statische Seite? – Wenn Sie die Variante »statische Seite« gewählt haben, können Sie hier die entsprechende Startseite auswählen und auch die Seite angeben, die alle Beiträge enthalten soll.

- Maximale Anzahl von Beiträgen auf einer Blogseite

- Maximale Anzahl von Beiträgen, die im Newsfeed angezeigt werden

- Sollen im Newsfeed die vollständigen Beiträge oder nur ein Auszug angezeigt werden?

Ganz unten können Sie angeben, ob Ihre Website von Suchmaschinen indiziert werden soll. WordPress weist jedoch darauf hin, dass es den Suchmaschinen überlassen bleibt, diese Einstellung zu berücksichtigen: »Es ist Sache der Suchmaschinen, dieser Bitte nachzukommen.« Diese Einstellung ist identisch mit der entsprechenden Abfrage, die Sie bei der Installation von WordPress aktivieren/deaktivieren konnten. Nur wenn Sie Suchmaschinen zulassen, können Dienste aktiv über Neuigkeiten in Ihrem Blog benachrichtigt werden. Das Crawling durch Suchmaschinen ist – wenn Sie es zulassen – im Gegensatz dazu passiv.

Sichtbarkeit für Suchmaschinen

Die Sichtbarkeit für Suchmaschinen zu deaktivieren, bedeutet nicht, dass Ihre Website nicht »von außen« besucht werden kann. Sie wird lediglich von den Suchmaschinen nicht indexiert und taucht so nicht in den Suchergebnissen auf.

Wenn Sie Ihre Website während der Erstellung auch für Besucher »unsichtbar« machen möchten, empfiehlt es sich, ein sogenanntes »Maintenance-Plugin« zu installieren.

1.4.4 Diskussion – Einstellungen für Kommentare und mehr

Der Unterabschnitt EINSTELLUNGEN|DISKUSSION ist relativ umfangreich und befasst sich ausschließlich mit den Optionen, die Besucher Ihrer Website beim Kommentieren von Seiten und/oder Beiträgen haben.

Standardeinstellungen für Beiträge

Sie können zunächst festlegen, ob Ping- und Trackbacks gesendet oder empfangen werden sollen und ob Besucher überhaupt kommentieren dürfen. Diese Einstellungen können für jeden einzelnen Beitrag angepasst werden und setzen dann die hier festgelegten Regeln »außer Kraft«.

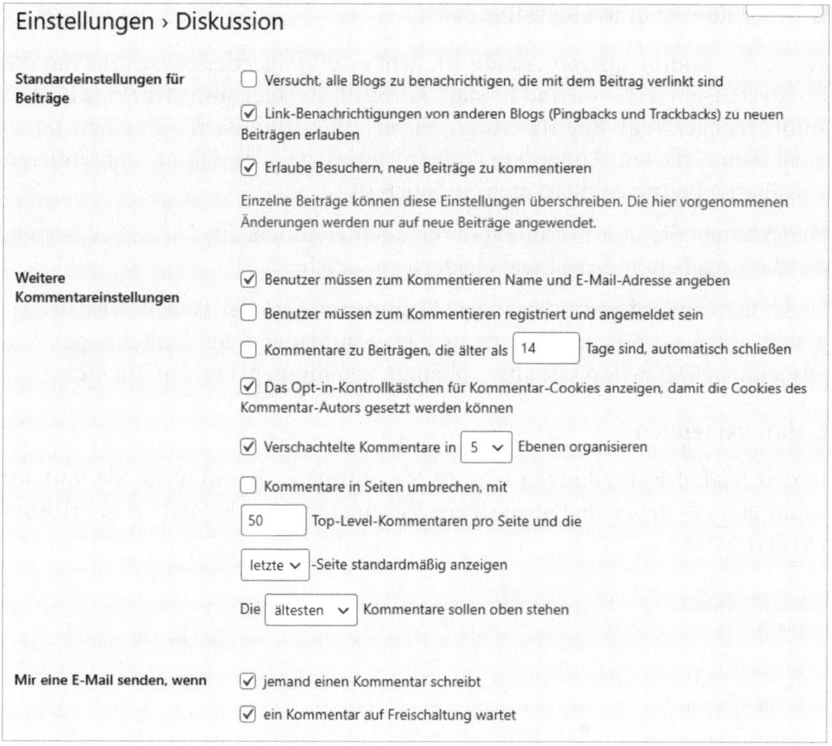

Einstellungen › Diskussion

Standardeinstellungen für Beiträge

☐ Versucht, alle Blogs zu benachrichtigen, die mit dem Beitrag verlinkt sind

☑ Link-Benachrichtigungen von anderen Blogs (Pingbacks und Trackbacks) zu neuen Beiträgen erlauben

☑ Erlaube Besuchern, neue Beiträge zu kommentieren

Einzelne Beiträge können diese Einstellungen überschreiben. Die hier vorgenommenen Änderungen werden nur auf neue Beiträge angewendet.

Weitere Kommentareinstellungen

☑ Benutzer müssen zum Kommentieren Name und E-Mail-Adresse angeben

☐ Benutzer müssen zum Kommentieren registriert und angemeldet sein

☐ Kommentare zu Beiträgen, die älter als [14] Tage sind, automatisch schließen

☑ Das Opt-in-Kontrollkästchen für Kommentar-Cookies anzeigen, damit die Cookies des Kommentar-Autors gesetzt werden können

☑ Verschachtelte Kommentare in [5 ▾] Ebenen organisieren

☐ Kommentare in Seiten umbrechen, mit

[50] Top-Level-Kommentaren pro Seite und die

[letzte ▾]-Seite standardmäßig anzeigen

Die [ältesten ▾] Kommentare sollen oben stehen

Mir eine E-Mail senden, wenn

☑ jemand einen Kommentar schreibt

☑ ein Kommentar auf Freischaltung wartet

Abbildung 1.11: Diskussionseinstellungen (1/3)

Ping- und Trackbacks

Pingback ist eine Methode, um Web-Autoren zu benachrichtigen, wenn auf ihre Beiträge oder Seiten verlinkt wird. Ein Autor verlinkt z. B. im Rahmen eines Beitrags im eigenen Blog auf den Blog-Beitrag eines Kollegen o. Ä. Dort wird diese Verlinkung dann (wenn zugelassen) wie ein Kommentar aufgeführt. So können Autoren verfolgen, wer auf ihre Inhalte verlinkt oder Teile davon zitiert. Pingbacks werden über eine sogenannte XML-RPC-Schnittstelle gesendet.

Trackback (dt. »Rückverfolgung«) ist eine Funktion, die es Blogs ermöglicht, Informationen über Backlinks in Form von Reaktionen oder Kommentaren über einen automatischen Benachrichtigungsdienst untereinander auszutauschen.

Weitere Kommentar-Einstellungen

Wenn das Kommentieren erlaubt ist, geht es im folgenden Abschnitt um die Mindestangaben (Name und E-Mail-Adresse), genauer ausgedrückt Mindestanforderungen (ggf. Registrierung), die erfüllt sein müssen, um einen Kommentar zu verfassen. Außerdem können Sie festlegen, dass das Kommentieren von älteren Beiträgen nicht mehr möglich ist.

Hier können Sie den Kommentatoren auch erlauben, ein Cookie zu setzen, um die Angaben in den Eingabefeldern zu speichern.

Sie können außerdem festlegen, wie Kommentare auf der Website visuell dargestellt werden (Verschachtelung, wie viele auf einer Seite, Reihenfolge). Die tatsächliche Darstellung ist aber abhängig von ihrem genutzten Theme.

E-Mail versenden

In den E-Mail-Einstellungen können Sie festlegen, ob und wann Sie und der Autor eines Beitrags über abgegebene Kommentare per E-Mail benachrichtigt werden sollen.

Bevor ein Kommentar erscheint,	☐ muss der Kommentar manuell freigegeben werden
	☑ muss der Autor bereits einen freigegebenen Kommentar geschrieben haben
Kommentarmoderation	Einen Kommentar in die Warteschlange schieben, wenn er [2] oder mehr Links enthält. (Eine hohe Anzahl von Links ist ein typisches Merkmal von Kommentar-Spam.)
	Wenn ein Kommentar eines der folgenden Wörter innerhalb von Inhalt, Autornamen, URL, E-Mail-Adresse, IP-Adresse oder User-Agent-Zeichenkette des Browsers enthält, wird er in der Moderations-Warteschlange gehalten. Ein Wort oder eine IP-Adresse pro Zeile. Wortteile werden auch berücksichtigt, also wird durch „press" auch „WordPress" gefiltert.
Kommentar-Sperrliste	Wenn ein Kommentar eines der folgenden Wörter innerhalb von Inhalt, Autornamen, URL, E-Mail-Adresse, IP-Adresse oder User-Agent-Zeichenkette des Browsers enthält, wird er in den Papierkorb verschoben. Ein Wort oder eine IP-Adresse pro Zeile. Wortteile werden auch berücksichtigt, also wird durch „press" auch „WordPress" gefiltert.

Abbildung 1.12: Diskussionseinstellungen (2/3)

Bevor ein Kommentar erscheint

Sie können auch festlegen, ob ein Kommentar erst nach einer Überprüfung durch den Administrator erscheinen darf und ob der Verfasser des Kommentars einen bereits erschienenen Kommentar geschrieben haben muss.

Kommentarmoderation

Weiterhin können Sie festlegen, ab wie vielen enthaltenen Links ein Kommentar automatisch in die Warteschlange gestellt werden soll. Eine hohe Anzahl von Links ist in der Regel ein Hinweis auf einen Spam-Kommentar.

Kommentar-Sperrliste

Durch die Angabe von Wörtern in einer grauen und schwarzen Liste sowie die Begrenzung der maximalen Anzahl von Links, die ein Kommentar enthalten darf, können Sie einen Großteil des Spammings bereits im Vorfeld bekämpfen.

Avatare

WordPress erlaubt es, dass der Avatar des Autors neben einem Kommentar erscheint. Hier können Sie festlegen, ob dies der Fall sein soll, und wenn ja, was angezeigt werden soll, wenn ein Autor keinen Gravatar[6] (weltweit anerkannter Avatar) hat.

---

6 *https://de.gravatar.com/*

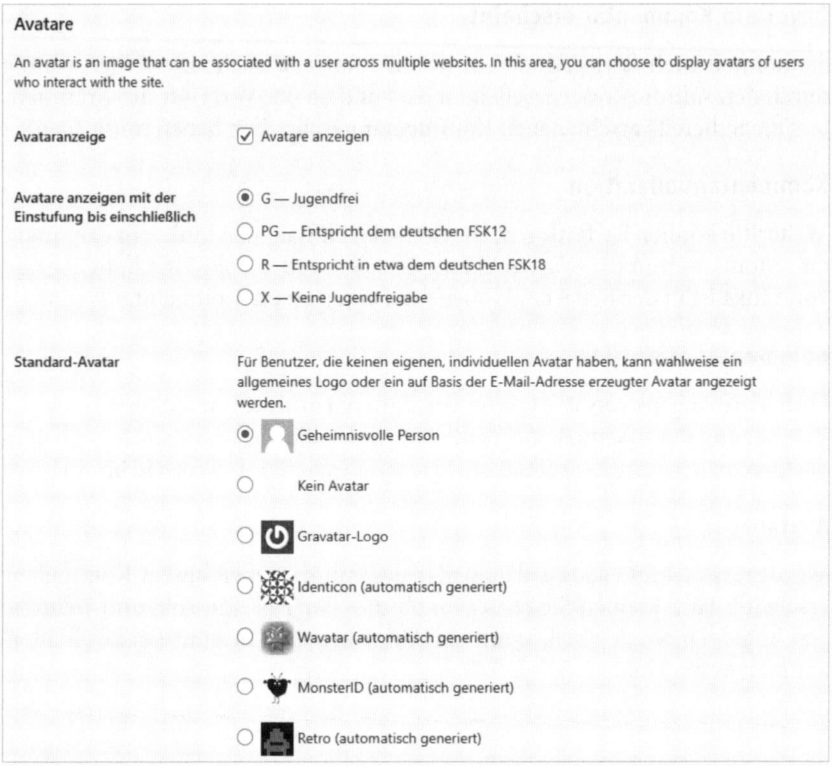

Avatare

An avatar is an image that can be associated with a user across multiple websites. In this area, you can choose to display avatars of users who interact with the site.

Avataranzeige	☑ Avatare anzeigen
Avatare anzeigen mit der Einstufung bis einschließlich	⦿ G — Jugendfrei
	○ PG — Entspricht dem deutschen FSK12
	○ R — Entspricht in etwa dem deutschen FSK18
	○ X — Keine Jugendfreigabe
Standard-Avatar	Für Benutzer, die keinen eigenen, individuellen Avatar haben, kann wahlweise ein allgemeines Logo oder ein auf Basis der E-Mail-Adresse erzeugter Avatar angezeigt werden.
	⦿ Geheimnisvolle Person
	○ Kein Avatar
	○ Gravatar-Logo
	○ Identicon (automatisch generiert)
	○ Wavatar (automatisch generiert)
	○ MonsterID (automatisch generiert)
	○ Retro (automatisch generiert)

Abbildung 1.13: Diskussionseinstellungen (3/3)

Datenschutz

Im Zuge der DSGVO ist es ratsam, diese Funktionalität zu deaktivieren, da hier Daten zu einem externen Dienst übertragen werden. Wer dennoch nicht darauf verzichten möchte, dem sei das Plugin *Avatar Privacy*[7] empfohlen.

1.4.5 Medien – Bildeinstellungen

Die Einstellungen, die Sie in diesem Bereich vornehmen können, betreffen die Darstellung der Medien.

---

[7] *https://de.wordpress.org/plugins/avatar-privacy/*

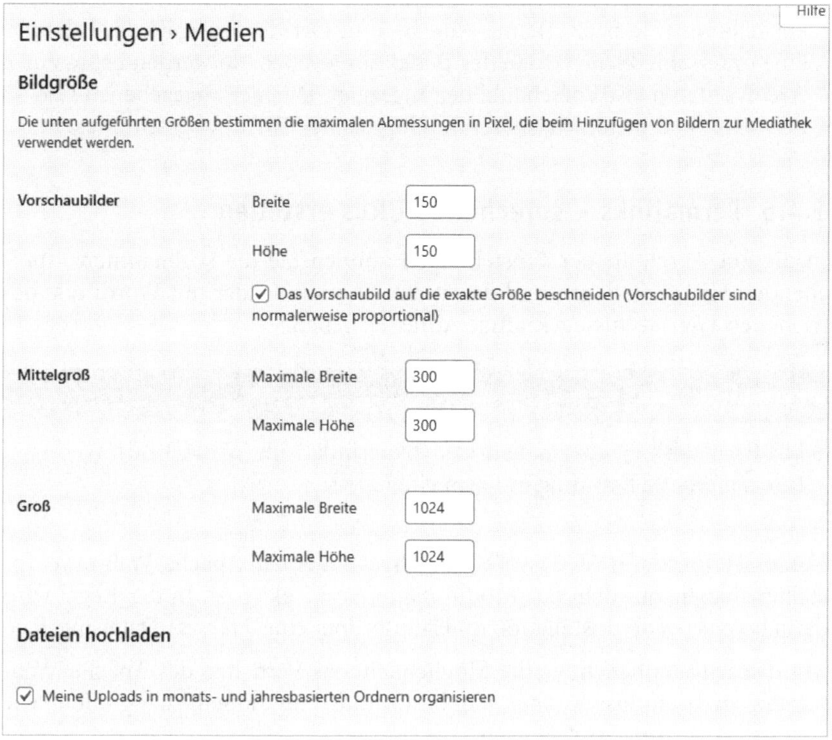

Einstellungen › Medien

Bildgröße

Die unten aufgeführten Größen bestimmen die maximalen Abmessungen in Pixel, die beim Hinzufügen von Bildern zur Mediathek verwendet werden.

| Vorschaubilder | Breite | 150 |
| | Höhe | 150 |

☑ Das Vorschaubild auf die exakte Größe beschneiden (Vorschaubilder sind normalerweise proportional)

| Mittelgroß | Maximale Breite | 300 |
| | Maximale Höhe | 300 |

| Groß | Maximale Breite | 1024 |
| | Maximale Höhe | 1024 |

Dateien hochladen

☑ Meine Uploads in monats- und jahresbasierten Ordnern organisieren

Abbildung 1.14: Medieneinstellungen

Sie können für Vorschaubilder, mittelgroße und große Bilder die maximalen Größen festlegen und Ihre hochgeladenen Medien in monats- und jahresbasierten Ordnern organisieren.

Bilder-Upload

Wenn Sie in WordPress ein Bild hochladen, wird dieses automatisch im Ordner */wp-content/uploads* gespeichert. Falls die Option »in monats- und jahresbasierten Ordnern organisieren« aktiv ist, landen Bilder, die Sie im Januar 2022 hochladen, im Ordner */wp-content/uploads/2022/01* und Bilder, die Sie im Mai 2022 hochladen, werden im Ordner */wp-content/uploads/2022/05* gespeichert.

Jedes hochgeladene Bild wird zudem in bis zu drei unterschiedlichen Größen generiert. Diese Größen richten sich nach den Angaben der Medieneinstellungen. Je nach Theme-Angabe und Ort der Ausgabe wird dann eine unterschiedliche Größe des Bildes ausgegeben. So werden bspw. auf Archivseiten meist Vorschaubilder angezeigt. Die hier angegebenen Größen sollten im Idealfall also auf Ihr eingesetztes Theme abgestimmt sein.

1.4.6 Permalinks – sprechende URLs erstellen

In diesem Abschnitt der Einstellungen können Sie die sogenannten »sprechenden URLs« festlegen und damit den Permalinks der mit WordPress betriebenen Website aussagekräftige Adressen geben.

Permalink

Ein Permalink (= »permanent« + »hyperlink«) im World Wide Web ist eine dauerhafte Kennung in Form einer URL.

Voraussetzung dafür ist, dass Sie WordPress auf einem Apache-Webserver installiert haben, auf dem das Modul *mod_rewrite* aktiv ist. In der Regel wird dann bereits bei der Installation im Hauptordner eine *.htaccess*-Datei angelegt.

Mit dieser Datei haben Sie die Möglichkeit, das Verhalten des Apache-Webservers zu beeinflussen oder auf bestimmte Funktionen zuzugreifen, wie »sprechende« URLs, Passwortschutz etc.

.htaccess-Datei selbst erstellen

Je nach den Einstellungen auf dem Server, auf dem WordPress installiert ist, kann es sein, dass dieser es nicht zulässt, dass dort Dateien automatisiert erstellt werden. Sollte dies der Fall sein, erhalten Sie eine Fehlermeldung.

Sie können die *.htaccess*-Datei aber auch manuell erstellen. Bitte beachten Sie, dass die *.htaccess*-Datei eine Textdatei ist, die man in jedem Texteditor erstellen kann. Niemals (!) sollte man dafür ein Textverarbeitungsprogramm (Word o. Ä.) nutzen (Gleiches gilt für die Bearbeitung der *wp-config.php*). Diese fügen ungewollte Formatierungen ein.

Und so geht's:

1. *.htaccess*-Datei erstellen

   Wenn man die Datei auf einem Windows-System erstellt, muss man die Datei zuerst z. B. *a.htacess* nennen, da Windows sich weigert, Dateien ohne einen Dateinamen zu erstellen. Die Datei bleibt leer, die Inhalte werden später von WordPress eingefügt.

2. *.htaccess*-Datei hochladen

   Mithilfe eines FTP-Programms laden Sie die Datei *a.htaccess* dann in den Hauptordner der WordPress-Installation hoch, also in den gleichen Ordner, in dem auch die *wp-config.php* gespeichert ist.

3. *.htaccess*-Datei umbenennen

   Da wir Windows bei der Erstellung der Datei »überlistet« haben, müssen Sie nun die hochgeladene *a.htaccess*-Datei umbenennen in *.htaccess*.

4. *.htaccess*-Datei Rechte zuweisen

   Und damit WordPress jetzt auch auf diese Datei zugreifen respektive sie beschreiben kann, müssen Sie noch die Dateiattribute anpassen. Dafür wählen Sie die Datei mit einem Rechtsklick (im FTP-Programm) aus und dann den Menüpunkt DATEIBERECHTIGUNGEN. Hier müssen Sie nun die Dateiattribute anpassen, sodass das Schreiben zugelassen wird (CHMOD: 666).

Wenn Sie sprechende URLs verwenden möchten, haben Sie die Wahl zwischen verschiedenen Varianten:

- Tag und Name: vollständiges Datum (Jahr, Monat, Tag) und Name des Beitrags: *www.ihre-website.de/2022/05/12/artikel-name/*

- Monat und Name: Teil des Datums (Jahr, Monat) und Name des Beitrags: *www.ihre-website.de/2022/05/artikel-name/*

- Numerisch: *www.ihre-website.de/archives/123*

- Beitragsname: *www.ihre-website.de/artikel-name/*

Natürlich haben Sie auch die Möglichkeit, die Permalink-Struktur in Ihrem Weblog individuell zu gestalten. Welche Platzhalter Ihnen dafür zur Verfügung stehen, erfahren Sie im WordPress-Codex[8], der auch im Erläuterungstext dieser Backend-Seite verlinkt ist.

---

8 *https://wordpress.org/support/article/using-permalinks/*

Optional haben Sie die Möglichkeit, die Kategoriebasis in der Adresse einer Kategorie anzupassen. In der Regel – nachdem sprechende URLs erstellt wurden – ist eine Kategorieadresse wie folgt aufgebaut:

www.ihre-website.de/category/allgemein/

Sie können das Wort *category* z. B. durch Kategorie, Thema oder Ordner ersetzen. Dazu müssen Sie z. B. »kategorie« in das entsprechende Textfeld eingeben, wenn Sie »category« durch »kategorie« ersetzen wollen. Die URL lautet dann:

www.ihre-website.de/kategorie/allgemein/

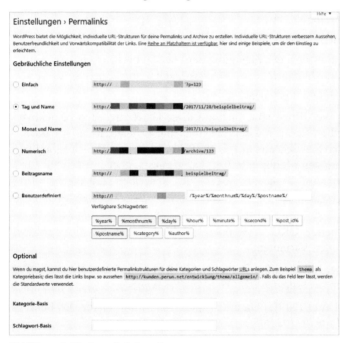

Abbildung 1.15: Permalinkeinstellungen

1.4.7 Datenschutz

Unter dem Menüpunkt Einstellungen|Datenschutz finden Sie einen Hinweis auf die notwendigen Datenschutzbestimmungen. Vorschläge für den Inhalt erhalten Sie auch im Bereich »Richtlinien-Leitfaden«. Um eine rechtskonforme Website mit einer entsprechenden Datenschutzerklärung zu haben, müssen Sie jedoch einen Anwalt konsultieren.

Weiterhin haben Sie hier die Möglichkeit, eine Seite für die Datenschutzerklärung zu erstellen respektive eine bereits angelegte Seite als Datenschutzerklärung festzulegen.

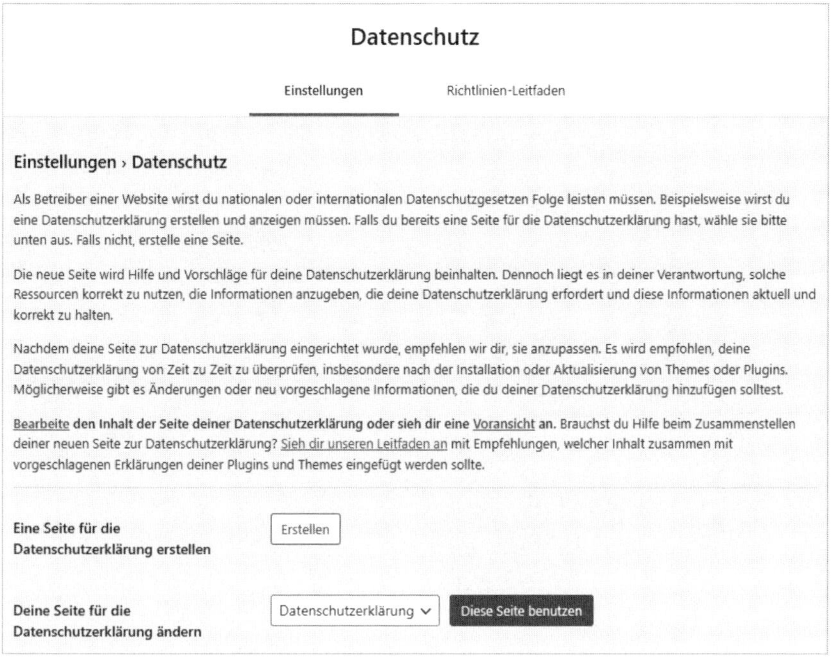

Abbildung 1.16: Datenschutzeinstellungen

Unter dem Menüpunkt Extras finden Sie auch die Unterpunkte »Personenbezogene Daten exportieren« und »Personenbezogene Daten löschen«. In beiden Fällen müssen Sie zunächst die Zustimmung der betreffenden Person einholen, indem Sie eine Anfrage senden. Wird diese bestätigt, können Sie demjenigen einen Link schicken, mit dem die Daten exportiert oder gelöscht werden können.

Kapitel 2

WordPress anpassen

Nachdem Sie WordPress erfolgreich auf Ihrem Server installiert und die ersten Schritte durch das Backend sowie einige grundlegende Anpassungen vorgenommen haben, wird es darum gehen, die WordPress-Installation speziell an Ihre Anforderungen und Bedürfnisse anzupassen.

2.1 Backend anpassen

Über die Schaltfläche Ansicht anpassen, die sich in der Kopfzeile vieler Unterseiten im Backend befindet (siehe Abbildung 2.1), können Sie ein Feld ausklappen, mit dem Sie Bereiche ein- und ausblenden können. Sie finden die Schaltfläche v. a. auf Übersichtsseiten wie z. B. unter Beiträge|Alle Beiträge, Medien|Medienübersicht, Plugins|Installierte Plugins.

Je nach Unterseite können Sie einzelne Spalten der Tabellen ein- oder ausblenden. Außerdem können Sie hier festlegen, wie viele Zeilen angezeigt werden sollen, d. h., wie viele Einträge die angezeigte Liste pro Seite enthalten soll.

Abbildung 2.1: Optionen und Hilfe für die Seiten im Backend

Sie können also festlegen, welche Elemente auf einer Seite im Backend angezeigt werden sollen, und Sie erhalten, angepasst an die aktuell angezeigte Seite, eine **Hilfe** zur Nutzung der Funktionen. Die Optionseinstellungen gelten jedoch immer nur für den jeweiligen Benutzer und sind nicht global gültig.

Kontextsensitive Anzeige

Die Möglichkeiten, die Sie zur Anpassung der Ansicht haben, unterscheiden sich je nach Unterseite und sind auch abhängig von Ihrem Status. Administratoren haben weitreichendere Möglichkeiten als Mitarbeiter.

Spalten

☑ Autor   ☑ Kategorien   ☑ Schlagwörter   ☑ Kommentare   ☑ Datum

Seitennummerierung

Einträge pro Seite: 20

Ansichtsmodus

⦿ Kompakte Ansicht   ○ Erweiterte Ansicht

Übernehmen

Ansicht anpassen ▲

Beiträge   Erstellen

Abbildung 2.2: Ansicht auf der Seite ALLE BEITRÄGE anpassen

Einige Seiten bieten Ihnen auch spezielle Optionen.

Wie in Abbildung 2.2 dargestellt, können Sie auf der Seite mit allen Beiträgen auch eine **erweiterte Ansicht** anzeigen lassen. Neben dem Titel der Beiträge sehen Sie dann auch einen Textauszug.

2.2   Profil anpassen

Zusätzlich zu den oben genannten Optionen können Sie auch Einstellungen für Ihr Profil vornehmen. Unter dem entsprechenden Menüpunkt (BENUTZER|IHR PROFIL) finden Sie die folgenden Bereiche:

1. Persönliche Optionen
2. Name
3. Kontakt-Info
4. Über Dich
5. Benutzerkonten-Verwaltung
6. Anwendungspasswörter

2.2.1   Persönliche Optionen

In diesem Bereich können Sie festlegen, ob Sie den visuellen Editor und die Syntaxhervorhebung bei der Bearbeitung von Code beim Schreiben von Beiträgen und Seiten deaktivieren möchten. Diese Optionen können jedoch für jeden Beitrag oder jede Seite wieder deaktiviert werden. Wenn Sie die Vorteile des Gutenberg-Editors nutzen wollen, empfiehlt es sich, beides aktiviert zu lassen. Den Gutenberg-Editor selbst stellen wir Ihnen ab Kapitel 3 ausführlich vor.

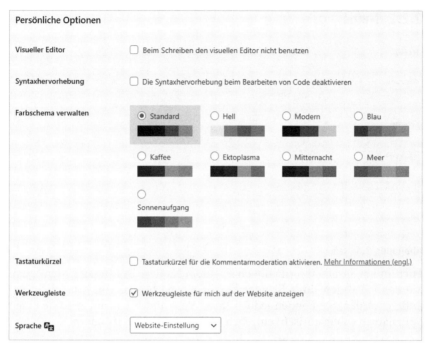

Abbildung 2.3: Persönliche Optionen

Sie können hier auch das Farbschema ändern und die Möglichkeit aktivieren, Kommentare ohne Maus, nur mithilfe von Tastaturkürzeln, zu moderieren und zu bearbeitet.

Außerdem können Sie hier die Admin- oder Symbolleiste, die sich am oberen Rand des Browserfensters befindet, für den Frontend-Bereich ausblenden.

Wenn Ihre WordPress-Installation mehrere Sprachpakete installiert hat, können Sie hier eine Sprache für Ihr Backend einstellen. Die Sprache der Website im Frontend bleibt davon unberührt, ebenso wie die Backend-Sprache der anderen Benutzer.

Welche Optionen Sie hier aktivieren oder deaktivieren, hängt allein von Ihren Präferenzen ab. Sie können diese jederzeit ändern.

2.2.2 Name

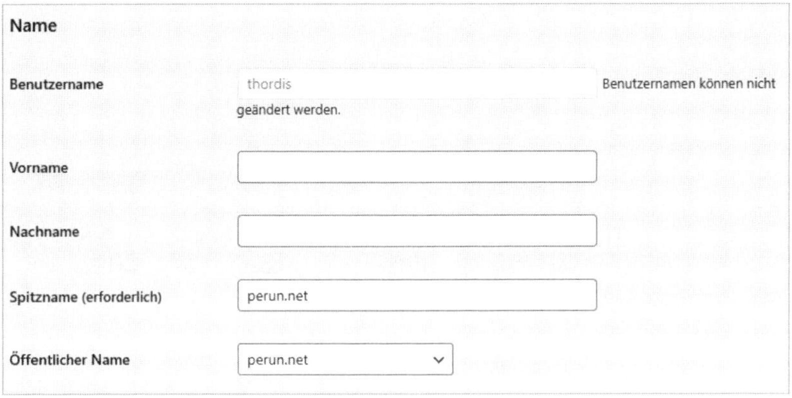

Name		
Benutzername	thordis	Benutzernamen können nicht geändert werden.
Vorname		
Nachname		
Spitzname (erforderlich)	perun.net	
Öffentlicher Name	perun.net ⌄	

Abbildung 2.4: Name

Hier finden Sie alle Informationen zu Ihrem Namen. Der Benutzername, den Sie beim Anlegen Ihres Benutzerkontos eingegeben haben, kann nicht geändert werden. Sie können jedoch Ihren Vor- und Nachnamen sowie einen Spitznamen (obligatorisch) eingeben und diesen jederzeit ändern.

Es wird empfohlen, dass Ihr öffentlicher Name nicht mit Ihrem Benutzernamen identisch ist. Der öffentliche Name wird im Frontend als Autorenname in den von Ihnen erstellten Beiträgen und Seiten angezeigt. Sie können auch eine Kombination von Informationen als Ihren öffentlichen Namen wählen, z. B. Vorname und Nachname.

2.2.3 Kontaktinformationen

Zu den Informationen, die Sie als Kontaktinformationen eingeben, gehören Ihre E-Mail-Adresse und möglicherweise eine Website. Insbesondere Ihre E-Mail-Adresse sollte korrekt sein, da Sie eine E-Mail an diese Adresse erhalten, wenn Sie Ihr Passwort zurücksetzen müssen. Außerdem werden Sie hierüber benachrichtigt, wenn jemand einen Ihrer Beiträge/Seiten kommentiert hat.

Die Website, die Sie hier eingeben, kann mit Ihrem Autorennamen im Frontend verknüpft werden (je nach verwendetem Theme).

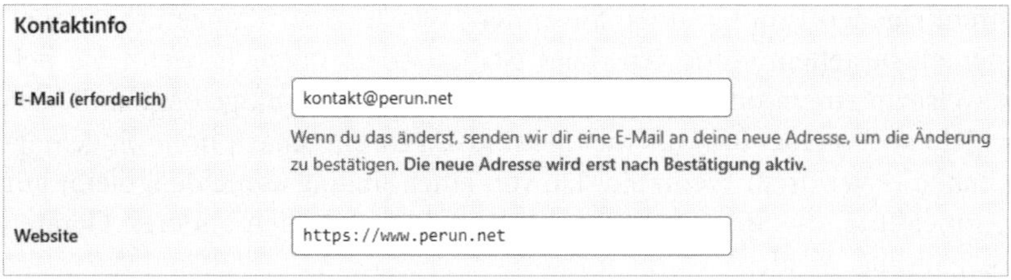

Kontaktinfo

E-Mail (erforderlich)   kontakt@perun.net

Wenn du das änderst, senden wir dir eine E-Mail an deine neue Adresse, um die Änderung zu bestätigen. **Die neue Adresse wird erst nach Bestätigung aktiv.**

Website   https://www.perun.net

Abbildung 2.5: Kontaktinformationen

2.2.4 Über Dich

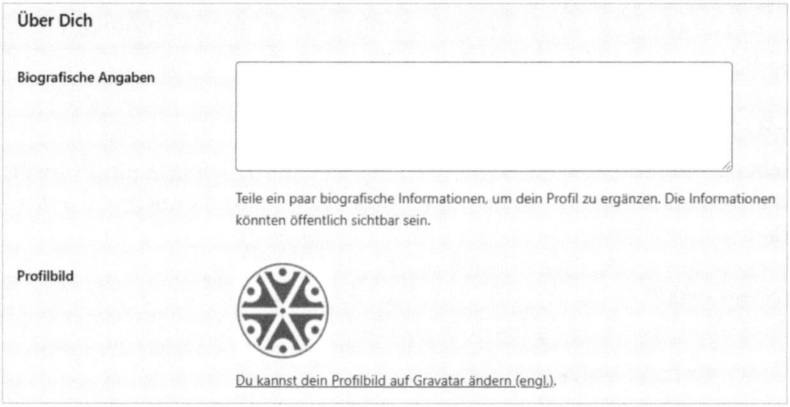

Über Dich

Biografische Angaben

Teile ein paar biografische Informationen, um dein Profil zu ergänzen. Die Informationen könnten öffentlich sichtbar sein.

Profilbild

Du kannst dein Profilbild auf Gravatar ändern (engl.).

Abbildung 2.6: Über Dich

Je nach Theme können auch biografische Informationen auf einer Autorenseite ausgegeben werden. Sie können hier zudem Ihr Profilbild anzeigen lassen.

2.2.5 Benutzerkonten-Verwaltung

Benutzerkonten-Verwaltung

Neues Passwort   Neues Passwort erstellen

Sessions   Überall sonst abmelden

Du bist nur an diesem Ort angemeldet.

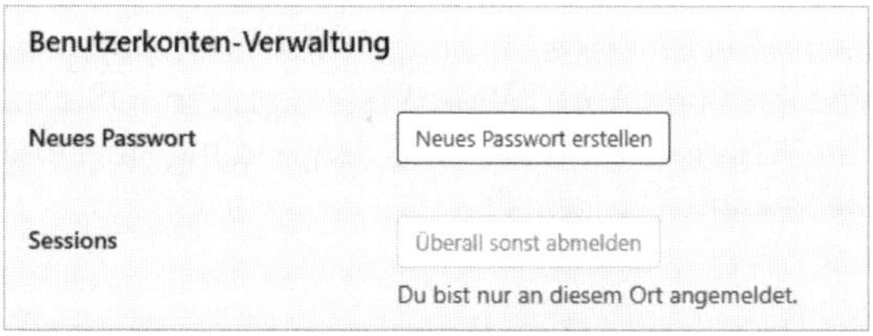

Abbildung 2.7: Benutzerkonten-Verwaltung

Im Bereich BENUTZERKONTEN-VERWALTUNG können Sie ein neues Passwort erstellen.

In Ihrem eigenen Profil können Sie andere WordPress-Sitzungen (Sessions), die derzeit bestehen, abmelden. Dies ist besonders nützlich, wenn Sie beispielsweise an einem öffentlich zugänglichen Computer eingeloggt sind, sich aber nicht abgemeldet haben. Oder Sie sind auf Ihrem Smartphone eingeloggt und haben es verloren. Wenn Sie sich von einer Sitzung abmelden, bleibt nur die Anmeldung, die Sie gerade verwenden, aktiv, auf allen anderen Geräten werden Sie abgemeldet.

Wenn Sie der Administrator einer WP-Installation sind, können Sie anderen Benutzern hier einen Link zum Zurücksetzen ihres Passworts senden. Dadurch wird das Passwort allerdings nicht geändert oder eine Änderung erzwungen, der jeweilige Benutzer erhält lediglich per E-Mail eine Aufforderung, dies zu tun. Wie Sie neue Benutzer anlegen, erfahren Sie in Abschnitt 2.3 »Benutzerverwaltung (Rechtemanagement)«.

2.2.6 Anwendungspasswörter

Im letzten Punkt ANWENDUNGSPASSWÖRTER können externe Dienste ein Passwort für die Authentifizierung erhalten oder diese Passwörter können widerrufen werden.

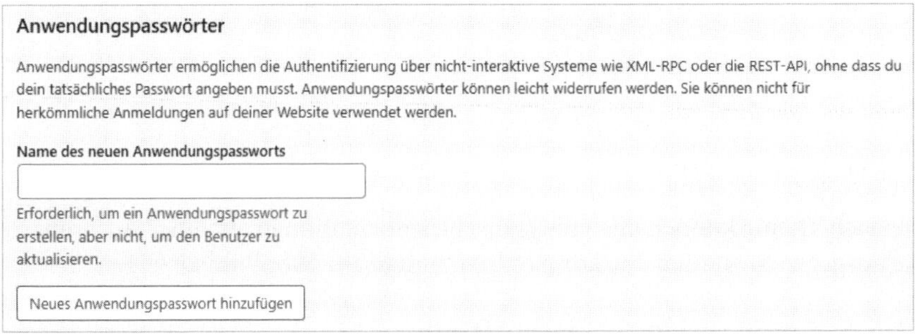

Abbildung 2.8: Anwendungspasswörter

So ist es mit dieser Funktion möglich, dass sich Nutzer nicht nur über das Login-Fenster anmelden, sondern über Apps (WordPress-App für iOS und Android, andere Apps wie iA Writer) oder auch eine Anmeldung über die XML-RPC-Schnittstelle erfolgen kann.

2.3   Benutzerverwaltung (Rechtemanagement)

Als Administrator wird es sicherlich auch zu Ihren Aufgaben gehören, für die einzelnen Benutzer Konten anzulegen.

Das Redaktionssystem WordPress unterscheidet (in der Standard-Installation) fünf Benutzergruppen. In aufsteigender Reihenfolge sind dies die folgenden:

1. Während der **Abonnent** sich anmelden und sein eigenes Profil verwalten kann, hat er keinerlei inhaltlichen Einfluss auf den Blog. In manchen Blogs muss man jedoch Abonnent sein, um Beiträge kommentieren zu können.

2. Der **Mitarbeiter** kann lediglich Beiträge verfassen, diese aber nicht veröffentlichen.

3. Der **Autor** ist ein selbstständiger Mitarbeiter, der eigene Beiträge (inklusive Bild-, Audio- und Videomaterial) verfassen und veröffentlichen kann. Kommentare, die seine eigenen Beiträge betreffen, kann er moderieren. Er nimmt somit eine wichtige Rolle bei der Beisteuerung von Inhalten wahr, ist aber kein Mitglied des administrativen Teams von Administrator und Redakteur. Der Autor kann keine Seiten erstellen und bearbeiten.

4. Der **Redakteur** ist der Stellvertreter des Administrators und hat somit sehr umfangreiche Rechte. Er kann Beiträge und Seiten verfassen und veröffentlichen. Er kann die Beiträge von Mitarbeitern veröffentlichen und auch die Beiträge von Autoren verändern. Der Redakteur kann alle abgegebenen Kommentare moderieren.

5. Der **Administrator** eines WordPress-Blogs kann alles, was auch Redakteure können. Zusätzlich dazu ist er der Einzige, der das Aussehen und die Funktionalität des Blogs (Design bzw. Themes, Plugins, Einstellungen etc.) beeinflussen kann.

Um neue Benutzer zu registrieren, müssen Sie in den Menüpunkt BENUTZER|NEU HINZUFÜGEN wechseln (siehe Abbildung 2.9).

Geben Sie dann die benötigten Daten ein, wählen Sie die ROLLE und bestätigen Sie dann Ihre Angaben mit einem Klick auf den Button NEUEN BENUTZER HINZUFÜGEN.

WordPress sendet daraufhin (optional – Sie können diese Funktion auch deaktivieren) eine E-Mail an die angegebene Adresse, die einen Link beinhaltet. Dieser Link führt den neuen Benutzer auf eine Seite, auf der er ein eigenes Passwort wählen kann. Das sichtbare Passwort gilt also nur so lange, bis der neue Benutzer ein eigenes Passwort festlegt.

Als Administrator können Sie selbstverständlich auch jederzeit die Rechte der einzelnen Benutzer auf- und abwerten sowie die Angaben bearbeiten. Klicken Sie dafür beim Menüpunkt BENUTZER|ALLE BENUTZER auf den verlinkten Benutzernamen bzw. den Link BEARBEITEN, der erscheint, wenn Sie mit der Maus über den Benutzer fahren. Auf der damit aufgerufenen Seite haben Sie die Möglich-

keit, die Angaben zum Benutzer (Ausnahme ist der Benutzername) zu ergänzen und seine Rolle zu ändern.

Abbildung 2.9: Einen neuen Benutzer hinzufügen

Wenn Sie lediglich die Rolle und damit die Rechte eines Benutzers ändern
wollen, dann reicht es, im selben Menüpunkt zu bleiben, die Checkbox neben
dem Benutzer zu aktivieren und unter ROLLE ÄNDERN IN… den gewünschten
Status auszuwählen und dann auf WECHSELN zu klicken.

Abbildung 2.10: Rolle eines bestehenden Benutzers ändern

2.4 Plugins

Eine der herausragenden Möglichkeiten, die WordPress seinen Nutzern bietet, ist die Installation von Plugins.

WordPress allein bietet schon eine Menge Möglichkeiten, seine Installation anzupassen. Wenn Sie PHP beherrschen, können Sie sogar noch mehr aus dem System herausholen. Da dies aber nicht bei jedem der Fall ist und Sie vielleicht nicht für jede Kleinigkeit ein eigenes Skript schreiben wollen, gibt es zahlreiche Plugins für WordPress.

Plugins erweitern die Funktionalität von WordPress und ermöglichen Ihnen, eine grundlegende WordPress-Installation an Ihre eigenen Bedürfnisse anzupassen.

> **Plugins**
>
> Unter Plugins (von engl. »to plug in« = dt. »einstöpseln«) versteht man Softwarekomponenten, die eine andere Software um Funktionen erweitern.

Das offizielle Plugin-Verzeichnis[1] listet derzeit (Stand: Oktober 2022) mehr als 60.000 verschiedene Plugins auf. Schauen Sie sich einmal um und lassen Sie sich überraschen, was alles möglich ist.

Welche Plugins Sie letztendlich installieren, hängt natürlich ganz von Ihren Bedürfnissen und Vorlieben ab. Eine Auswahl nützlicher Plugins finden Sie in Kapitel 5. Generell sollten Sie aber nicht zu viele Plugins installieren, damit die Leistung von WordPress nicht zu sehr leidet.

Obwohl Sie WordPress-Plugins auch auf anderen Websites finden, empfiehlt es sich – aus Sicherheitsgründen –, Plugins aus dem offiziellen Verzeichnis den Vorzug zu geben. Außerdem haben Sie dann den Vorteil, dass Sie das Plugin viel einfacher installieren und aktualisieren können, als dies manchmal bei »externen« Plugins der Fall ist.

2.4.1 Plugins installieren

Grundsätzlich gibt mehrere Möglichkeiten, ein Plugin zu installieren. Entscheidend ist, woher Sie das Plugin »nehmen«, also ob Sie es von der offiziellen Seite oder direkt vom Entwickler heruntergeladen haben.

1 *https://wordpress.org/plugins/*

Um ein Plugin zu installieren, müssen Sie den Menüpunkt PLUGINS|INSTALLIEREN anwählen.

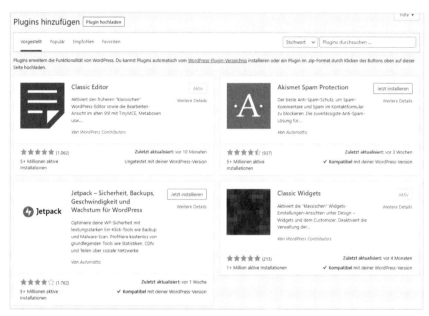

Abbildung 2.11: Plugins installieren/hinzufügen

Der Abschnitt ist in mehrere Bereiche unterteilt. Im oberen Bereich befinden sich einige Links:

■ **Vorgestellt:** Der aktuell angezeigte Bereich. Hier wird Ihnen eine Auswahl von Plugins präsentiert. Auf einen Blick können Sie hier sehen, wofür das Plugin gedacht ist, wie es bewertet wird, wie oft es heruntergeladen wurde, wie aktuell es ist, und schließlich, ob es mit der von Ihnen verwendeten WordPress-Installation kompatibel ist. Wenn Sie auf den Link WEITERE DETAILS klicken, öffnet sich ein Fenster mit detaillierten Beschreibungen, Erläuterungen zur Verwendung usw.

■ **Populär:** Hier finden Sie die beliebtesten Plugins (wie von Benutzern bewertet).

■ **Empfohlen:** Hier werden Plugins angezeigt, die auf den bereits installierten Plugins basieren.

■ **Favoriten:** Wenn Sie bei WordPress.org registriert sind, haben Sie die Möglichkeit, Plugins zu »favorisieren«. Die so markierten »Lieblingsplugins« werden dann hier angezeigt.

Oberhalb dieser Links, direkt neben dem Seitentitel, finden Sie den Link
PLUGIN HOCHLADEN. Hier können Sie ein gezipptes Plugin installieren, das Sie auf
Ihrem Computer gespeichert haben. Dies ist z. B. der Fall, wenn Sie das Plugin
von einer Entwicklerseite heruntergeladen haben.

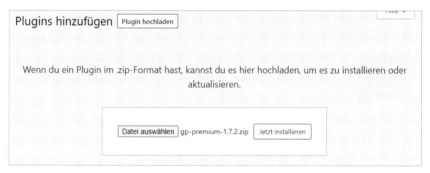

Abbildung 2.12: Ein Plugin für die Installation hochladen

Zusätzlich zu den Links finden Sie im oberen Bereich ein Eingabefeld, in dem
Sie gezielt nach Plugins suchen können.

Um ein Plugin zu installieren, klicken Sie einfach auf die Schaltfläche JETZT
INSTALLIEREN, wodurch die Installationsroutine gestartet wird. Für die Installation folgen Sie einfach den Anweisungen. Am Ende des Installationsvorgangs
müssen Sie das Plugin noch aktivieren, um es einsatzbereit zu machen.

Abbildung 2.13: Plugin aktivieren

Sollte ein Plugin eine höhere PHP-Version erfordern, als sie auf dem Server installiert ist, oder eine andere WordPress-Version benötigen, so erhalten Sie einen Hinweis dazu.

Abbildung 2.14: Warnung über nicht kompatible PHP-Version

Eine Übersicht über Ihre bereits installierten Plugins finden Sie beim Menüpunkt PLUGINS|INSTALLIERTE PLUGINS.

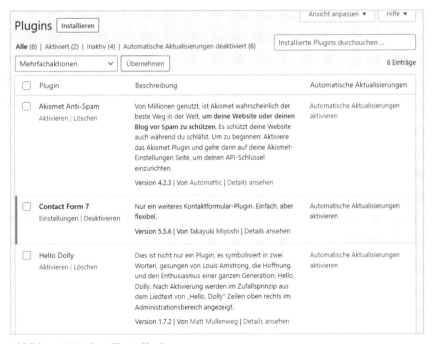

Abbildung 2.15: Installierte Plugins

Mit den Links oberhalb der Liste können Sie die Anzeige filtern und sich so z. B. nur alle aktiven Plugins anzeigen lassen.

Weiterhin haben Sie die Möglichkeit, Plugins zu deaktivieren oder zu aktivieren und natürlich auch zu löschen. Sie können hier auch die Auto-Update-Funktion für Plugins aktivieren/deaktivieren. Mehr Informationen dazu finden Sie in Kapitel 5.

2.5 Themes

Eine Neuinstallation von WordPress 5.x enthält automatisch die Themes Twenty Twenty, Twenty Twenty-One, Twenty Twenty-Two sowie Twenty Twenty-Three, aktiv ist dabei das aktuellste Standard-Theme Twenty Twenty-Three.

Theme

Ein WordPress-Theme ist eine Gruppe von Dateien (Grafiken, Stylesheets und Code), die das allgemeine Erscheinungsbild Ihres Blogs oder Ihrer Website bestimmen. Themes können etwas so Großes wie das Layout Ihrer Website oder etwas so Winziges wie die Farben Ihrer Hyperlinks steuern. Kurzum: Themes sind in der WordPress-Welt einsatzbereite Designs für Ihre Website.

Im Zusammenhang mit Themes wird der Unterschied zwischen Themes, die über das offizielle Verzeichnis verfügbar sind, und Themes, die von kommerziellen Anbietern zu erwerben sind, noch deutlicher als bei Plugins. Während im offiziellen Themes-Verzeichnis[2] derzeit (Stand: Oktober 2022) über 10.000 Themes erhältlich sind, sind es auf dem freien Markt sehr wahrscheinlich ein Vielfaches.

Im offiziellen Verzeichnis finden Sie aber auch viele kostenfreie Varianten von kostenpflichtigen Premium-Themes. So können Sie vor dem Kauf schon einmal schauen, ob Ihnen das ausgesuchte Theme liegt und ob es alle gewünschten Funktionen mitbringt.

---

2 *https://wordpress.org/themes/*

2.5.1 Themes installieren

Für die Installation eines neuen Themes müssen Sie den Menüpunkt DESIGN|THEMES öffnen.

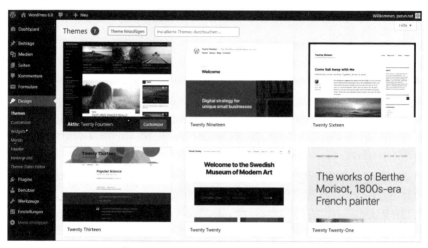

Abbildung 2.16: Themes-Übersicht

Dort befindet sich neben den bereits installierten Themes ein Platzhalter für ein neues Theme. Klicken Sie diesen an oder aber auch den Button THEME HIN-ZUFÜGEN.

Abbildung 2.17: Theme hinzufügen

Im folgenden Fenster finden Sie eine hervorgehobene Auswahl an Themes. Sie können sich aber auch populäre oder neue Themes anzeigen lassen. Sie können auch nach einem Theme suchen oder nach bestimmten Funktionen filtern, mögliche Bereiche sind dabei

- Thema
- Funktionen
- Layout

Haben Sie ein Theme gefunden, das Sie installieren möchten, können Sie es entweder direkt installieren oder sich eine Vorschau anzeigen lassen.

Abbildung 2.18: Ausgewähltes Theme installieren oder Vorschau ansehen

In der Vorschau können Sie sehen, wie das ausgewählte Theme mit Ihren Inhalten aussehen würde. Das ist sehr hilfreich, da man nur so einen wirklichen Eindruck davon erhält, wie ein Theme auf der Live-Seite aussehen könnte.

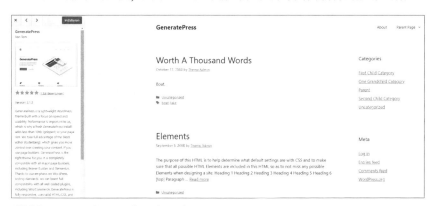

Abbildung 2.19: Live-Vorschau eines Themes

Entscheidet man sich dann für die Installation eines neuen Themes, muss es noch separat aktiviert werden.

Durch die Aktivierung eines Themes wird das zu diesem Zeitpunkt aktive Theme automatisch deaktiviert.

Abbildung 2.20: Theme aktivieren

In der Theme-Übersicht können auch bereits installierte Themes aktiviert oder gelöscht werden. Auch die automatische Aktualisierung oder die Live-Vorschau kann aktiviert werden. Dafür muss man sich die Theme-Details anzeigen lassen.

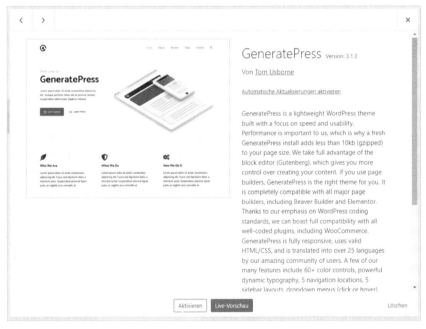

Abbildung 2.21: Theme-Details

Kapitel 3

Seiten und Beiträge verfassen und bearbeiten

Nach den ersten Schritten durch das Backend und einigen grundlegenden Anpassungen soll es nun darum gehen, die WordPress-Installation mit Inhalt zu füllen. Dabei werden wir uns vor allen Dingen mit dem Gutenberg-Editor beschäftigen.

Zunächst einmal ist es wichtig zu wissen, dass es unterschiedliche Arten von Inhalten gibt. Die wichtigste Unterscheidung im Zusammenhang mit Word-Press ist dabei die nach Inhalten, die auf Seiten, und Inhalten, die in Beiträgen präsentiert werden. Zusätzlich dazu ist es auch möglich, Inhalte in »Custom Post Types« zu verfassen. Diese werden oft für Portfolio-Einträge u. Ä. genutzt.

Custom Post Types

Unter Custom Post Types (dt. »Benutzerdefinierte Beitragstypen«) werden in Verbindung mit WordPress Beiträge verstanden, die einen eigenen Typ darstellen. Der Standard-Typ wäre ein Blogbeitrag, ein möglicher Custom Post Type wäre beispielsweise ein Portfolio-Eintrag.

Custom Post Types werden in der Datenbank separat gespeichert und meist auch optisch von Blogbeiträgen unterschieden, indem sie eine andere Template-Datei als Grundlage nutzen und separat dargestellt werden, also nicht Teil des Blogs sind.

Im Folgenden wird es aber nur um Seiten und Beiträge gehen, da diese in einer Standard-WordPress-Installation vorhanden sind. Custom Post Types können entweder durch die Nutzung eines entsprechenden Themes oder aber durch den Einsatz eines Plugins zur Verfügung gestellt und genutzt werden.

Im Hauptteil des Kapitels wird es um den **Gutenberg-Editor** gehen, mit dem Sie Ihre Beiträge und Seiten verfassen. Wir erläutern, wie und mit welchem Block Sie Inhalte auf Ihrer Website ausgeben. Da jeder Block sein eigenes Bearbeitungsmenü hat, werden wir Ihnen die Blöcke im Folgenden ausführlich vorstellen.

Der Gutenberg-Editor ähnelt mit seinen Blöcken dabei einem Homepage-Baukasten, den man auch von anderen Anbietern kennt. Sie arbeiten in einer visuellen Umgebung, in der alle Änderungen sofort sichtbar sind.

Der Gutenberg-Editor bietet Ihnen Blöcke aus den folgenden Bereichen:

- Text (Absätze, Überschriften, Tabellen etc.)
- Medien (Bilder, Galerien etc.)
- Design (Buttons, Spalten etc.)
- Widgets (Kalender, Schlagwörterwolke, Suche etc.)
- Theme (Abfrage-Loop, Beitragsauszug, Liste der Beiträge etc.)
- Inhalte einbetten

Sie können aber auch eigene wiederverwendbare Blöcke speichern oder auf Vorlagen zurückgreifen, die (meist) mehrere Blöcke kombinieren.

Grundsätzlich sind alle Blöcke sowohl für Beiträge als auch für Seiten verfügbar. Einige Blöcke sind jedoch speziell für den Einsatz in Templates geeignet. Wie Sie diese anpassen und gestalten können, wird im nächsten Kapitel erläutert.

3.1 Worin unterscheiden sich Beiträge von Seiten?

Wenn Sie sich die Unterseiten NEUER BEITRAG und NEUE SEITE genauer ansehen, insbesondere die Dokumenteinstellungen, werden Sie einige Unterschiede feststellen. Im Folgenden möchten wir Ihnen zeigen, worin diese Unterschiede bestehen. Für welche Inhalte ist es sinnvoll, einen Beitrag zu erstellen, und wofür eignen sich Seiten besser?

3.1.1 Beiträge

Beiträge sind das Herzstück einer klassischen WordPress-Website. Sie ergeben zusammen einen Blog. Wikipedia definiert einen Blog sehr treffend:

> Das oder auch der Blog oder auch Weblog (Wortkreuzung aus Englisch Web und Log für Logbuch oder Tagebuch) ist ein meist auf einer Website geführtes und damit meist öffentlich einsehbares Tagebuch oder Journal, in dem mindestens eine Person, der Blogger, international

auch Weblogger genannt, Aufzeichnungen führt, Sachverhalte proto-kolliert (»postet«) oder Gedanken niederschreibt.[1]

Die Beiträge in einem Blog werden chronologisch absteigend dargestellt, so-dass die neuesten Blog-Beiträge an oberster Stelle erscheinen.

Sie sehen die folgenden Bereiche, wenn Sie einen Blogbeitrag erstellen möch-ten. Klicken Sie dafür im Menü auf BEITRÄGE|ERSTELLEN oder in der Adminleiste auf NEU|BEITRAG:

- **Status & Sichtbarkeit:** Hier können Sie den Status eines Beitrags und seine »Sichtbarkeit« (öffentlich, evtl. sogar »sticky«, also dauerhaft auf der Start-seite, passwortgeschützt, privat) oder den Veröffentlichungszeitpunkt fest-legen. Sie können auch eine Vorlage auswählen und den Autor bestimmen.

- **Revisionen:** Wenn der Beitrag bereits gespeichert wurde, werden hier die vorhandenen Versionen aufgelistet.

- **Template:** Sie können eine Vorlage für den Beitrag auswählen, wenn das von Ihnen verwendete Theme dies zulässt.

- **Permalink:** Hier können Sie den Permalink des Beitrags anpassen (siehe auch Abschnitt 1.4.6 »Permalinks – Sprechende URLs erstellen«).

- **Kategorien:** Sie können den neuen Beitrag in eine oder mehrere Kategori-en einordnen oder eine neue Kategorie erstellen.

- **Schlüsselwörter:** Hier haben Sie die Möglichkeit, den Blogbeitrag zur bes-seren Organisation zu verschlagworten.

- **Beitragsbild:** In diesem Modul können Sie ein Beitragsbild festlegen. Das Beitragsbild ist kein Bild, das dem Inhalt zugeordnet ist. Es dient bei den meisten Themes als Thumbnail-Bild für die Übersichtsseiten.

- **Textauszug:** Hier können Sie eine kurze Zusammenfassung des Bei-trags eingeben. Dies ist besonders für Newsfeeds interessant, da dort der Textauszug verwendet werden kann. Außerdem gibt es die Möglichkeit, an bestimmten Stellen (z. B. auf einer Übersichtsseite) die Artikel in Auszügen anzuzeigen. Dabei schneidet WordPress einen Beitrag standardmäßig nach 55 Wörtern ab oder verwendet den Textauszug.

- **Diskussion:** Hier legen Sie fest, ob Kommentare zu dem jeweiligen Beitrag erlaubt sind – unabhängig von den allgemeinen Einstellungen – und ob an-dere Weblogs einen Ping- oder Trackback zu Ihrem Beitrag senden dürfen.

---

1   *https://de.wikipedia.org/wiki/Blog*

3.1.2 Seiten

Im Gegensatz zu den Beiträgen befinden sich Seiten nicht im »Blog-Kreis-lauf«. Dadurch erscheint der Inhalt der Seiten auch nicht im Newsfeed. Die Seiten wurden eingeführt, um statische Informationen (Impressum, Kontakt-daten etc.) unterzubringen.

Das Erstellen der Seiten erfolgt genau wie das Erstellen eines Beitrags. Der Editor ist der gleiche, allerdings gibt es Unterschiede bei den zur Verfügung stehenden Möglichkeiten, die vorwiegend für die Beitrags- bzw. Seiten-Ein-stellungen verantwortlich sind.

Wenn Sie eine Seite verfassen, stehen Ihnen größtenteils dieselben Bereiche wie auch beim Erstellen von Beiträgen zur Verfügung (vgl. Abschnitt 3.1.1 »Beiträge«). Die Bereiche »Kategorien«, »Schlüsselwörter« und »Textauszug« entfallen bei Seiten allerdings. Neu hinzugekommen ist der Bereich »Seiten-attribute«.

■ **Seitenattribute:** In diesem Bereich können Sie ein übergeordnetes Element oder eine übergeordnete Seite und den Platz in der Reihenfolge festlegen.

Das Erstellen von Seiten erfolgt genauso wie das Erstellen eines Beitrags, der Editor ist derselbe.

Sie müssen nur drei Dinge beachten, bevor Sie eine Seite veröffentlichen:

1. Soll der Seite ein bestimmtes Template zugewiesen werden (wenn mög-lich)?

2. Übergeordnete Seiten: Ist die Seite eine übergeordnete oder eine unterge-ordnete Seite und wenn ja, welche ist die übergeordnete Seite?

3. Seiten sortieren: Welchen Platz hat die Seite in der Reihenfolge? (Kann bei modernen Themes vernachlässigt werden.)

Abbildung 3.1: Seiten-Attribute festlegen

Übergeordnete Seiten

Wenn Sie eine Seite erstellen, müssen Sie immer angeben, ob es sich um eine übergeordnete Seite (Standard) oder um eine untergeordnete Seite handelt. Dies hängt von der Struktur ab, die Sie erreichen oder realisieren wollen.

Handelt es sich bei der erstellten Seite um eine Hauptseite, dann bleibt sie eine übergeordnete Seite (Unterseiten sind nicht zwingend erforderlich). Handelt es sich bei der erstellten Seite um die Unterseite einer anderen, dann müssen Sie dies festlegen. Nur so kann die Struktur einer Website in der URL einer jeden Seite dargestellt werden. Wenn Ihr Theme Breadcrumbs verwendet, wird auch dort die Struktur dargestellt.

https://www.perun.net/ueber-uns/   übergeordnete Seite

https://www.perun.net/ueber-uns/vladimir-simovic/   untergeordnete Seite

Breadcrumbs

In der Brotkrümelnavigation (engl. »Breadcrumbs«) wird die Struktur einer Seite dargestellt, indem die Eltern- und Kind-Seiten als verlinkte Texte angezeigt werden. Oft geschieht dies im Header (Kopfbereich) einer Website.

Seiten sortieren

 Die Sortierung oder Nummerierung der Seiten kann vernachlässigt werden, wenn das Menü manuell erstellt wird, was heute im Prinzip immer der Fall ist.

Idealerweise weisen Sie einer Seite bereits beim Anlegen den richtigen Platz in der Reihenfolge zu. Standardmäßig sind die Seiten alphabetisch sortiert. In den seltensten Fällen entspricht dies aber auch der Reihenfolge, in der sie später erscheinen sollen. Es ist daher ratsam, einer Seite eine ID zuzuweisen, nach der sie sortiert werden soll.

Standardmäßig erhalten alle angelegten Seiten den Wert null, der auch der »höchste« Wert in der Rangfolge ist. Wenn Sie also eine individuelle Reihenfolge der Seiten wünschen, müssen Sie hier entsprechende Werte eingeben, wobei gilt: je höher die Zahl, desto niedriger ihr Rang.

Da es vorkommen kann, dass Sie neue Unterseiten erstellen, die dann z. B. in der Mitte der Reihenfolge eingefügt werden sollen, hat es sich bewährt, die Reihenfolge nicht in Einzelschritten (0, 1, 2 etc.), sondern in Zweier- oder gar Dreierschritten (0, 3, 6 etc.) zu erstellen. Auf diese Weise hat man Puffer für zukünftige Unterseiten.

Seite in ein Menü einfügen

Damit eine Seite im Menü erscheint, muss sie aktiv in ein Menü eingefügt werden. Wie das funktioniert, erfahren Sie in Abschnitt 4.2.2 »Menüs«.

Automatisch generierte Seiten (Archivseiten)

Sie werden feststellen, dass es im Frontend Ihrer Website noch mehr Seiten anzusteuern gibt als die Seiten, die Sie manuell erstellen. Dies sind die sogenannten *Archiv-* oder *Übersichtsseiten*. Hier werden je nach Seite Beiträge zusammengefasst dargestellt. Es gibt ein Monatsarchiv, ein Jahresarchiv, ein Archiv für Autoren, ein Archiv für alle Kategorien und auch für alle Schlagwörter. Die Archivseiten können als Seiten ins Menü eingefügt werden (siehe Abschnitt 4.2.2 »Menüs«). Sie sind aber auch automatisch mit den korrespondierenden Texten, z. B. bei den Metainformationen eines Beitrags, verlinkt.

Achtung: Welche Metainformationen ausgegeben werden und ob sie mit der jeweiligen Archivseite verlinkt sind, ist abhängig vom Theme und kann daher abweichen.

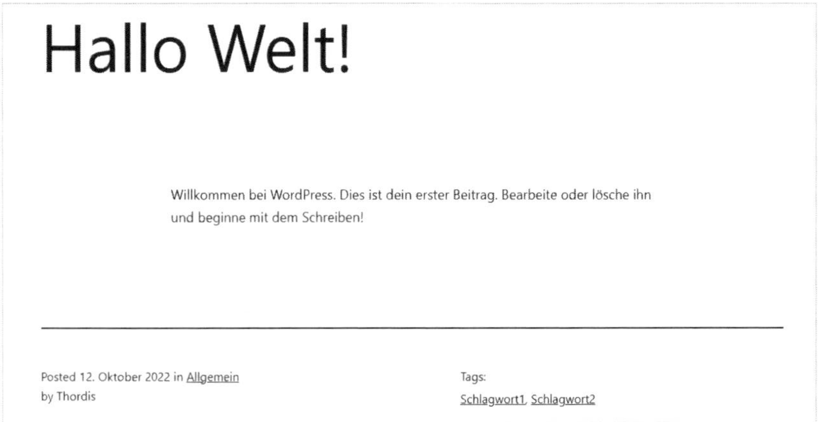

Hallo Welt!

Willkommen bei WordPress. Dies ist dein erster Beitrag. Bearbeite oder lösche ihn
und beginne mit dem Schreiben!

Posted 12. Oktober 2022 in Allgemein   Tags:
by Thordis   Schlagwort1, Schlagwort2

Abbildung 3.2: Metainformationen unterhalb eines Beitrags

Auch die Startseite ist, wenn sie die Blog-Beiträge enthält, eine automatisch generierte Seite, wobei hier nur der Inhalt automatisch eingefügt wird, die Seite selbst muss manuell angelegt und zugewiesen werden (siehe Abschnitt 1.4.3 »Lesen – Startseite, Blogseite und Newsfeed konfigurieren«).

3.2   Der Gutenberg-Editor

An zentraler Stelle findet man den Editor, in dem der Inhalt für neue Beiträge und Seiten eingefügt wird.

Abbildung 3.3: Der Gutenberg-Editor mit den Beitrags-Einstellungen

Der Inhalt wird durch Blöcke strukturiert, auf die wir im weiteren Verlauf des Kapitels noch ausführlich eingehen werden. Grundsätzlich können Sie hier aber erst einmal drauflosschreiben :-)

Erweiterte Einstellungen

Am rechten Rand finden Sie sämtliche Einstellungen, die Sie für das Dokument, also den Beitrag oder die Seite, vornehmen können, aber auch für einen bestimmten Block. Sie können diesen Einstellungsbereich auch ausblenden, indem Sie auf den Button »Einstellungen« (⚙) klicken.

Eine Übersicht über alle möglichen Dokument-Einstellungen finden Sie in Abschnitt 3.1.1 »Beiträge« bzw. in Abschnitt 3.1.2 »Seiten«. Die möglichen Block-Einstellungen sind bei den jeweiligen Blöcken erläutert.

Abbildung 3.4: Der Gutenberg-Editor mit aktiven Block-Einstellungen (hier Absatz)

Oberhalb des eigentlichen Editors finden Sie verschiedene Buttons.

Abbildung 3.5: Buttonleiste oberhalb des Editors (Vollbildmodus)

Ganz links befindet sich das **WordPress-Logo**, das Sie zurück zur Beitragsübersicht (Menüpunkt Beiträge|Alle Beiträge) bringt. Diese Möglichkeit findet sich nur im Vollbildmodus. Daneben finden Sie einen Button mit einem kleinen +, mit dem Sie einen Block einfügen können (dazu werden wir später ausführlich kommen).

Hinter dem **Stift-Symbol** befinden sich Werkzeuge. Diese dienen für verschiedene Interaktionen bei der Auswahl und Bearbeitung von Blöcken.

Danach finden Sie die Möglichkeit, die letzte Aktion rückgängig zu machen oder zu wiederholen. Der **info-Button** verrät Ihnen einige statistische Details über den momentan zu bearbeitenden Beitrag wie Anzahl der Zeichen, Wörter, Überschriften, Absätze und Blöcke.

Außerdem wird eine Gliederung des Dokuments dargestellt, anhand derer Sie direkt erkennen können, ob die Struktur evtl. Fehler oder Ungereimtheiten enthält.

Abbildung 3.6: Informationen und Statistiken zum Beitrag oder einer Seite

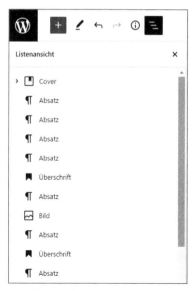

Abbildung 3.7: Listenansicht

Rechts daneben finden Sie die **Listenansicht** (Abbildung 3.7). Hier hat man die Möglichkeit, direkt zu einem bestimmten Block zu springen. Sie bekommen hier angezeigt, in welchem Block Sie sich gerade befinden. Außerdem können Sie mit der Maus in der Listenansicht über einen Block fahren und bekommen im Inhaltsbereich angezeigt, um welchen Block es sich handelt. Überdies können Sie hier Blöcke auch markieren und verschieben.

In der Listenansicht können auch mehrere Elemente markiert und bearbeitet werden. Dabei haben Sie hier die gleichen Möglichkeiten, Blöcke zu bearbeiten, wie bei der Auswahl von Blöcken im Inhaltsbereich. Sie können sie also auch hier löschen, verschieben oder die Einstellungen anpassen.

In der rechten Hälfte der Buttonleiste oberhalb des Editors können Sie einen Beitrag als Entwurf speichern, sich eine Vorschau anzeigen lassen oder auch den Beitrag veröffentlichen.

Abbildung 3.8: Beitrag veröffentlichen

Speichern Sie einen Beitrag, so bleibt das Browserfenster mit Ihrem Beitrag geöffnet, sodass Sie unmittelbar weiterarbeiten können. Dieser Button dient also auch dazu, während der Arbeit zwischenzuspeichern. Sie können einen Beitrag aber auch für einen späteren Zeitpunkt als Entwurf speichern, um z. B. erst am nächsten Tag daran weiterzuarbeiten.

Auch nach der Veröffentlichung bleibt das Browserfenster mit dem Beitrag geöffnet, die Buttons ändern sich aber entsprechend dem geänderten Kontext.

Abbildung 3.9: Beitrag aktualisieren

Kontextsensitiv

Die Oberfläche im Backend von WordPress, aber auch in Teilen im Frontend, ist kontextsensitiv. Das bedeutet, dass Sie je nach Kontext andere Optionen zur Verfügung haben. WordPress »erkennt« zum einen Ihren Benutzerlevel und damit die entsprechenden Berechtigungen und zum anderen z. B., ob ein Beitrag bereits veröffentlicht wurde.

Um zu einem späteren Zeitpunkt einen Entwurf wieder aufzurufen, gibt es mehrere Möglichkeiten:

- die Box auf dem Dashboard: »Aktuelle Entwürfe«
- in der linken Navigationsleiste: BEITRÄGE|ALLE BEITRÄGE

Der Vorschau-Button zeigt, wie der Beitrag aussehen würde, wenn er veröffentlicht wird.

Das Zahnrad blendet die verschiedenen Einstellungen ein. Diese Einstellungen können den aktuellen Beitrag bzw. die aktuell zu bearbeitende Seite betreffen oder auch einen bestimmten Block.

3.2.1 Ansicht anpassen

Unter dem Button »Ansicht anpassen« (⋮) finden Sie Möglichkeiten, den Editor nach Ihren eigenen Wünschen und Bedürfnissen anzupassen bzw. Sie erhalten so Zugang zu bestimmten Bereichen, die wie folgt gegliedert sind:

Ansicht

- **Obere Werkzeugleiste:** Wenn aktiv, werden die Werkzeugleisten der einzelnen Blöcke zentral am oberen Bildrand angezeigt und nicht direkt beim jeweiligen Block.
- **Spotlight-Modus:** Hierbei werden nicht aktive Blöcke optisch in den Hintergrund gerückt.
- **Vollbildmodus:** Aktiviert oder deaktiviert den Vollbildmodus.

Editor

- Hier kann man zwischen dem visuellen und dem Code-Editor wechseln. Wer den Gutenberg-Editor nutzen möchte, muss im visuellen Editor bleiben. Der Code-Editor eignet sich nur für »Reparaturarbeiten«.

Werkzeuge

- **Wiederverwendbare Blöcke verwalten:** Mit einem Klick auf diesen Link gelangt man in einen Bereich, der (noch) nicht über das Menü aufrufbar ist. Hier können alle gespeicherten Blöcke bearbeitet, aber auch exportiert werden. Zudem können Sie hier auch Blöcke importieren.
- **Tastaturkürzel:** Eine Auflistung sämtlicher Tastaturkürzel.
- **Willkommens-Guide:** Hier finden Sie wertvolle Hinweise zum Gutenberg-Editor und seinen Blöcken.
- Kompletten Inhalt kopieren
- **Hilfe:** Direktlink zu *wordpress.org*

Voreinstellungen

- **Allgemein:** Vorveröffentlichungscheckliste anzeigen, Benutzeroberfläche reduzieren, Spotlight-Modus (optische Hervorhebung aktiver Blöcke), Brotkrümelnavigation für Blöcke; Design: Button-Beschriftung anzeigen, Theme-Stil benutzen
- **Blöcke:** Meistgenutzte Blöcke anzeigen, Textcursor auf den aktiven Block beschränken, Blöcke ausblenden
- **Bedienfelder:** Auswählen, was im Bedienfeld angezeigt wird

Bevor Sie einen Beitrag veröffentlichen können (siehe Abschnitt 3.14 »Einen Beitrag veröffentlichen«), müssen Sie ihn mit Inhalt füllen und einige Metainformationen hinterlegen (Abschnitt 3.13 »Metainformationen und Dokument-Einstellungen«).

3.3   Blöcke hinzufügen und Inhalte gestalten

Der Gutenberg-Editor bietet Ihnen viele verschiedene Blöcke an, um ihre Inhalte zu strukturieren. Im Folgenden werden nur die Blöcke beschrieben, die eine Standard-WP-Installation ohne Plugins beinhaltet, d. h., dass es möglich ist, dass Sie mehr Blöcke zur Verfügung haben, als hier beschrieben werden.

Alle Blöcke können über mehrere Wege eingefügt werden. Zum einen können sie über den Button Block-Inserter (das Plus-Symbol +) oberhalb des Editors eingefügt werden.

Abbildung 3.10: Einen Block oder eine Vorlage über den Block-Inserter hinzufügen

Unterteilt wird die Darstellung im Block-Inserter in die Bereiche »Blöcke« und »Vorlagen« – und falls vorhanden »wiederverwendbar«. Diese Bereiche haben jeweils thematisch gegliederte Unterbereiche. Wenn Sie mit der Maus über einen Block oder über eine Vorlage fahren, werden Ihnen die grundlegenden Funktionen dazu angezeigt. Einfügen können Sie einen Block dann per Mausklick oder auch per Drag and Drop.

Auch die Suche nach einem bestimmten Block ist möglich.

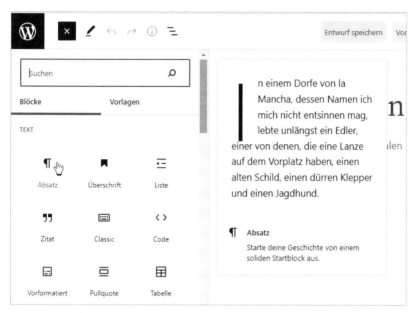

Abbildung 3.11: Vorschau im Block-Inserter

Alternativ: Wenn Sie in einem leeren Block den +-Button anklicken, öffnet sich ein Fenster, in dem Sie festlegen können, welchen Block Sie nutzen/einfügen möchten. Auch hier können Sie nach einem Block suchen.

Abbildung 3.12: Block hinzufügen

Eine weitere Möglichkeit, einen Block auszuwählen, ist direkt im Textfeld. Wenn Sie hier einen Schrägstrich eingeben, werden Ihnen die am häufigsten genutzten Blöcke zur Auswahl angeboten.

Abbildung 3.13: Block per Tastatur auswählen

Kombinieren Sie den Schrägstrich mit einem Buchstaben, werden die angezeigten Blöcke gefiltert.

Abbildung 3.14: Gefilterte Block-Auswahl

Sie können aber auch über den Button »Ansicht anpassen« (⋮), den jeder einzelne Block selbst hat, einen Block davor oder danach einfügen.

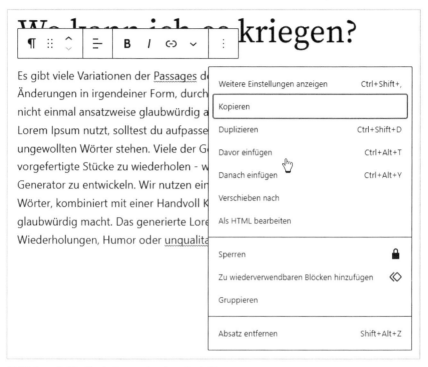

Abbildung 3.15: Block davor oder danach einfügen

Wenn Sie im Editor »einfach so« drauflosschreiben, wird der Text automatisch als Paragraf – also Absatz-Block – eingefügt.

Alle Blöcke können gelöscht, kopiert, dupliziert, verschoben, gesperrt und gespeichert (ZU WIEDERVERWENDBAREN BLÖCKE HINZUFÜGEN) werden, die meisten auch als HTML-Code dargestellt oder aber auch gruppiert werden. All diese Optionen sowie die erweiterten Einstellungen finden Sie über den »Ansicht anpassen«-Button (⋮) des jeweiligen Blocks.

In der Menüleiste des jeweiligen Blocks finden Sie zudem ganz links die Möglichkeit, den Block in einen anderen umzuwandeln. Blockspezifische Buttons ermöglichen z. B. die Ausrichtung und Formatierung von Texten oder das Einfügen von Links.

Wenn Sie mehrere Absätze markieren, können Sie diese auch gemeinsam verschieben oder bearbeiten.

Wichtig

Alle Blöcke verfügen über Einstellungsmöglichkeiten, die sich direkt in der Werkzeugleiste befinden, und über Einstellungsmöglichkeiten, die am rechten Rand über den Button »Einstellungen« ⚙ eingeblendet werden können. Dort finden Sie immer eine kurze Beschreibung des gerade aktiv ausgewählten Blocks und die Möglichkeiten zur weiteren Gestaltung.

In den Einstellungen können für alle Blöcke auch eigene CSS-Klassen und ein HTML-Anker festgelegt werden. Somit haben Sie die Möglichkeit, jeden Block individuell zu gestalten und auch jeden Block als Linkziel festzulegen. Mehr dazu lesen Sie in Kapitel 6.

 Alle Blöcke können über CSS im Aussehen angepasst werden. Die Frontend-Darstellungen in diesem Buch zeigen die Elemente (wenn nicht anders angegeben) im WordPress-Standard-Themes »Twenty Twenty-Two« und »Twenty Twenty-Three«.

3.4   Text-Blöcke

Im Abschnitt TEXT-BLÖCKE finden Sie Blöcke, die Sie für die Gestaltung von Textabschnitten benötigen. Dazu gehören Überschriften und Absätze, aber auch Listen, Tabellen oder Zitate etc. Für alle Text-Blöcke können Sie die folgenden Eigenschaften anpassen:

- **Farbe**
  - Text
  - Hintergrund
  - Link
- **Typografie**
  - Schriftgröße
  - Schriftfamilie
  - Design
  - Schreibweise
  - Zeilenhöhe
  - Zeichenabstand

- **Dekoration**
- **Erweitert**
  - HTML-Anker
  - Zusätzliche CSS-Klasse(n)

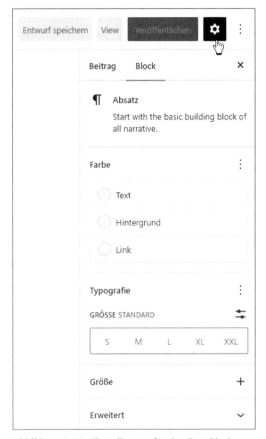

Abbildung 3.16: Einstellungen für den Text-Block

Zusätzlich dazu gibt es bei einzelnen Blöcken auch die Möglichkeit, einen Außen- und/oder Innenabstand oder einen Rahmen hinzuzufügen.

3.4.1 Absatz

Dieser Block beinhaltet einen gewöhnlichen Absatz, wobei Sie noch die Möglichkeit haben, den Text zu formatieren.

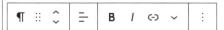

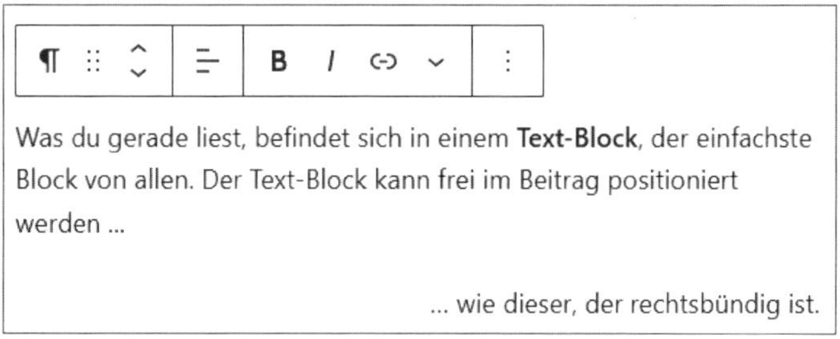

Abbildung 3.17: Absatz-Block

Wenn Sie den Cursor in den Textblock setzen oder den Inhalt markieren, erscheint eine Buttonleiste zur Formatierung. Sie bietet die folgenden Möglichkeiten (siehe Abbildung 3.17, von links nach rechts):

- Blocktyp ändern: Hiermit können Sie einen Absatz in einen anderen Blocktyp umwandeln, z. B. eine Überschrift oder ein Zitat.
- Block ziehen: Mithilfe des Anfassers können Sie den Block verschieben.
- Block verschieben: Mithilfe der Pfeile können Sie den Block per Mausklick nach oben oder unten verschieben.
- Textausrichtung ändern (linksbündig, zentriert, rechtsbündig)
- Der entsprechende Abschnitt wird als bedeutungsvoll hervorgehoben bzw. fett formatiert.
- Der entsprechende Abschnitt wird als wichtig hervorgehoben bzw. kursiv formatiert.
- Einen Link einfügen/ändern.
- Mehr Steuerelemente (Durchgestrichen, Hervorheben, Hochgestellt, Inline-Bild, Inline-Code, Tastatureingabe, Tiefgestellt)

Inline

Inline-Elemente sind Elemente, die nur den durch die Tags begrenzten Raum einnehmen, die das Element definieren, anstatt den Fluss des Inhalts zu unterbrechen. Ein Inline-Element beginnt nicht in einer neuen Zeile und nimmt nur so viel Breite wie nötig in Anspruch.

Tastaturkürzel

Während der Arbeit mit dem visuellen Editor können Sie auch auf Tastatur- und Formatierungskürzel zurückgreifen.

Tastaturkürzel aktivieren eine Formatierung, die dann für den folgenden Absatz gilt. Alternativ dazu kann mit den Tastaturkürzeln auch einem markierten Absatz nachträglich eine Formatierung zugewiesen werden.

Tastaturkürzel	Formatierung
Strg + B	fett
Strg + I	*kursiv*
Strg + U	unterstrichen
Strg + K	Link einfügen
Strg + Umschalt + K	Link entfernen

Tab. 3.1: Mögliche Tastaturkürzel im Textblock

Links einfügen

Möchten Sie ein Wort oder einen Abschnitt Ihres Textes verlinken, so markieren Sie das Wort bzw. den Bereich, nutzen das Tastenkürzel Strg + K oder klicken auf den Button LINK EINFÜGEN/ÄNDERN.

Abbildung 3.18: Einen Link einfügen

Im sich daraufhin öffnenden Fenster müssen Sie die URL bzw. die Ziel-Adresse des Links eingeben. Sie können auch einen Begriff eingeben, sodass Sie zu eigenen Seiten und Beiträgen verlinken können. Ihnen werden Vorschläge zu möglichen Linkzielen aufgelistet, die Sie auswählen können.

Falls Sie möchten, dass der Link sich in einem neuen Fenster oder Tab öffnet, müssen Sie die entsprechende Option mit dem Schieberegler aktivieren (Abbildung 3.18).

Zum Abschluss müssen Sie Ihre Angaben mit einem Klick auf den Eingabepfeil bestätigen.

Schnell eine Verlinkung einfügen

Wenn Sie noch schneller **externe Links** einfügen möchten, reicht es auch, einen Textabschnitt zu markieren und dann – mit dem Link in der Zwischenablage – die Tastenkombination zum Einfügen `Strg` + `V` auszuführen. Der Text wird dann mit dem Link aus der Zwischenablage versehen.

Wenn Sie einen **internen Link** auf einen eigenen Beitrag oder eine eigene Seite einfügen möchten, bietet die Tastaturkombination [[(zweimal `AltGr` + `8`) eine Übersicht über alle möglichen Linkziele.

Links bearbeiten

Abbildung 3.19: Link bearbeiten

Wenn Sie einen Link im Nachhinein ändern möchten, müssen Sie den Cursor in den verlinkten Bereich platzieren. Um den Link dann zu bearbeiten, klicken Sie auf den Button bzw. das Stift-Symbol (»Bearbeiten«).

Wenn Sie die Verlinkung insgesamt entfernen möchten, platzieren Sie den Cursor in den verlinkten Text und wählen dann den Button rechts neben dem Stift-Symbol (»Link entfernen«) oder Sie nutzen das Tastaturkürzel `Strg` + `Umschalt` + `K` .

3.4.2 Classic

Der Block »Classic« stellt den »alten« TinyMCE-Editor dar für alle, die es nostalgisch mögen ;)

Der Classic-Block verfügt über keine weiteren Einstellungen.

Absatz
B I
Ω
Lorem ipsum dolor sit amet, consetetur sadipscing elitr, sed diam nonumy eirmod
tempor invidunt ut labore et dolore magna aliquyam erat, sed diam voluptua. At
vero eos et accusam et justo duo dolores et ea rebum. Stet clita kasd gubergren,
no sea takimata sanctus est Lorem ipsum dolor sit amet. Lorem ipsum dolor sit

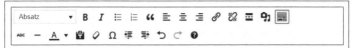

Abbildung 3.20: Der Classic-Block simuliert den Classic-Editor

3.4.3 Code

Der Block »Code« ermöglicht es, Code in Beiträgen darzustellen, ohne ihn auszuführen. Außerdem muss der Code nicht »maskiert« werden. So kann man ohne Hilfsmittel Codebeispiele präsentieren.

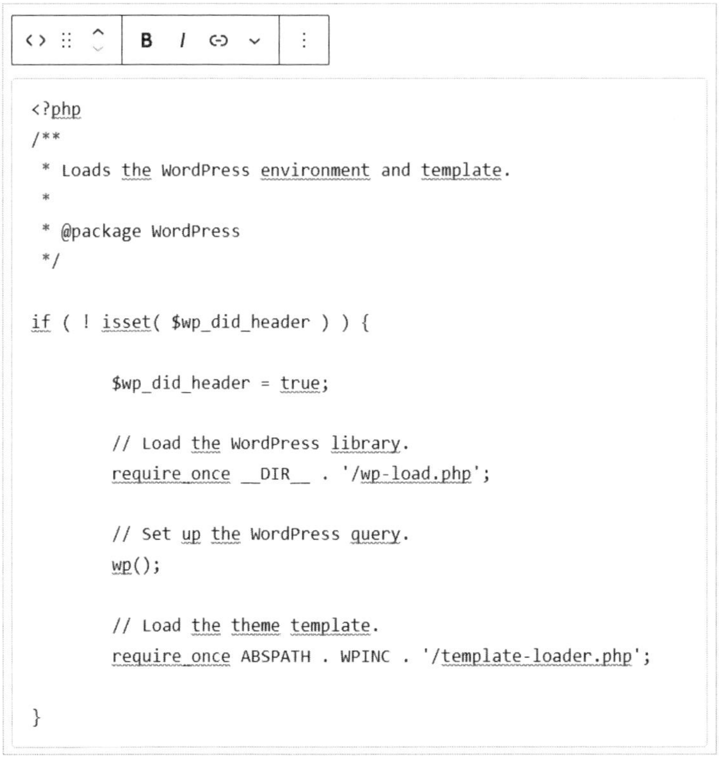
B I
<?php
/**
 * Loads the WordPress environment and template.
 *
 * @package WordPress
 */
if (! isset($wp_did_header)) {
$wp_did_header = true;
// Load the WordPress library.
require_once __DIR__ . '/wp-load.php';
// Set up the WordPress query.
wp();
// Load the theme template.
require_once ABSPATH . WPINC . '/template-loader.php';
}

Abbildung 3.21: Code-Block im Gutenberg-Editor

Der Code kann, wie jeder Text auch, formatiert werden, zudem kann man einen Rahmen um den Block erstellen sowie Innen- und Außenabstände festlegen. Im Frontend werden diese Codebeispiele dann mit allen eingefügten Leerschritten, Tabs bzw. Zeileneinrückungen sowie Zeilenumbrüchen dargestellt.

3.4.4 Liste

Wenn Sie eine Liste einfügen möchten, wählen Sie den Listen-Block.

- Text und Überschriften
- Bilder und Videos
- Galerien
- Einbettungen, wie YouTube, Tweets und andere WordPress-Beiträge
- Layout-Blöcke, wie Buttons, Hero-Bilder, Trennzeichen etc.
- Und natürlich Listen wie diese ;-)

Abbildung 3.22: Der Listen-Block

Sie können nun eine Liste mit mehreren Elementen anlegen und dabei auf die folgenden Möglichkeiten zugreifen (siehe Abbildung 3.22, von links nach rechts):

- Blocktyp ändern: Hiermit können Sie eine Liste in einen anderen Blocktyp umwandeln, z. B. einen Absatz oder ein Zitat
- Block ziehen
- Block verschieben
- Eine ungeordnete Liste einfügen
- Eine geordnete Liste einfügen

Für die komplette Liste können Sie in den erweiterten Einstellungen die Farben von Text, Hintergrund und Links festlegen sowie die Typografie und Größe von Abständen festlegen.

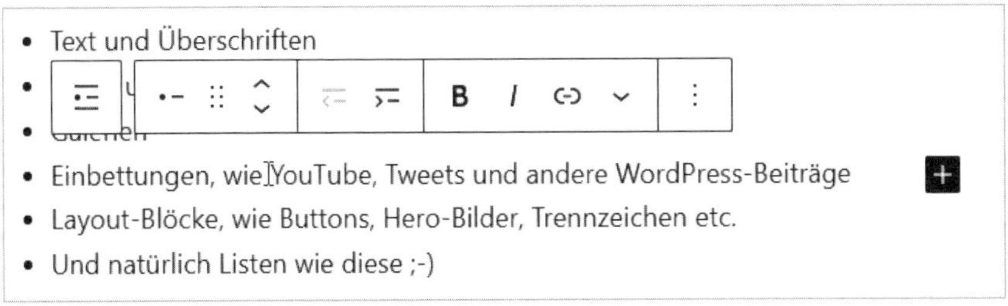

- Text und Überschriften
- [Symbolleiste]
- Galerien
- Einbettungen, wie YouTube, Tweets und andere WordPress-Beiträge
- Layout-Blöcke, wie Buttons, Hero-Bilder, Trennzeichen etc.
- Und natürlich Listen wie diese ;-)

Abbildung 3.23: Einzelne Listenpunkte formatieren

Auch die einzelnen Listenpunkte können angepasst werden (siehe Abbildung 3.23 von links nach rechts).

- Liste auswählen
- Block ziehen
- Block verschieben
- Listenelement ausrücken
- Listenelement einrücken
- Der entsprechende Abschnitt wird als bedeutungsvoll hervorgehoben bzw. fett formatiert.
- Der entsprechende Abschnitt wird als wichtig hervorgehoben bzw. kursiv formatiert.
- Einen Link einfügen/ändern
- Weitere Möglichkeiten: Durchgestrichen, Hervorheben, Hochgestellt, Inline-Bild, Inline-Code, Tastatureingabe, Tiefgestellt

Auch komplexe verschachtelte Listen lassen sich also durch Ein- und Ausrückungen darstellen.

Für nummerierte Listen können Sie in den Einstellungen zudem festlegen, ob die Nummerierung umgekehrt werden soll und mit welchem Wert die Nummerierung beginnt.

- Text und Überschriften
- Bilder und Videos
- Galerien
- Einbettungen, wie
    1. YouTube,
    2. Tweets und andere
    3. WordPress-Beiträge
- Layout-Blöcke, wie
    o Buttons,
    o Hero-Bilder,
    o Trennzeichen etc.
- Und natürlich Listen wie diese ;-)

Abbildung 3.24: Verschachtelte Liste

3.4.5 Pullquote (»Schönes Zitat«)

Mit diesem Block haben Sie die Möglichkeit, ein Zitat oder einen Ausspruch besonders in Szene zu setzen.

Abbildung 3.25: Pullquote

Dazu stehen Ihnen die folgenden Möglichkeiten zur Verfügung (siehe Abbildung 3.25, von links nach rechts):

- Blocktyp wechseln
- Block ziehen
- Block verschieben
- Ausrichtung des Blocks ändern
- Textausrichtung ändern

Der enthaltene Text kann wie jeder Text formatiert werden (vgl. Abschnitt 3.4.1 »Absatz«).

Neben den Anpassungen für Farbe und Typografie können auch die Ränder angepasst werden. Dabei ist es möglich, die Breite, den Stil, die Farbe und den Radius anzupassen.

Abbildung 3.26: Pullquote im Frontend – Standard (oben) und angepasst (unten)

3.4.6 Tabelle

Mit dem Tabellen-Block können Sie einfach und bequem Tabellen einfügen. Nach der Auswahl, wie viele Zeilen und Spalten die Tabelle umfassen soll, können Sie sie mit Inhalten füllen und gestalten.

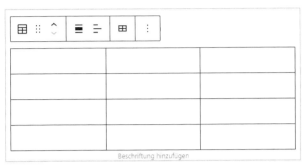

Abbildung 3.27: Tabellen-Block

Der Tabelle können verschiedene Stile zugewiesen werden, sie kann links-bündig, zentriert und rechtsbündig ausgerichtet werden. Falls das Theme es zulässt, kann die Tabelle auch als »Weite Breite« oder »Volle Breite« darge-stellt werden. Mit der erstgenannten Option erstreckt sich die Tabelle über eine Breite, die über die Standard-Breite der Inhalte hinausgeht. Außerdem können Sie festlegen, wie die Spalten ausgerichtet sein sollen.

Innerhalb der Tabelle bzw. der Tabellenzellen können Sie über den Button »Tabelle bearbeiten« (⊞) Zeilen und Spalten hinzufügen und löschen. Der Text in den Zellen kann formatiert (fett, kursiv, durchgestrichen), ausgerichtet und verlinkt werden.

Spalte 1	Spalte 2	Spalte 3
Lorem ipsum dolor	Lorem ipsum	Lorem ipsum dolor
Lorem	Lorem dolor	ipsum dolor
Ipsum dolor	ipsum dolor	Lorem ipsum dolor
	Lorem Ipsum	

Spalte 1	Spalte 2	Spalte 3
Lorem ipsum dolor	Lorem ipsum	Lorem ipsum dolor
Lorem	Lorem dolor	ipsum dolor
Ipsum dolor	ipsum dolor	Lorem ipsum dolor
	Lorem Ipsum	

Abbildung 3.28: Zwei unterschiedlich gestaltete Tabellen

Zusätzlich zu den Standardeinstellungen können der Tabelle verschiedene Stile zugewiesen werden, auch die Rahmenlinien können bearbeitet werden. Sie können zudem auswählen, ob Tabellenzellen eine feste Breite haben sollen. Zusätzlich dazu können Sie eine Kopf- und Fußzeile sowie die Text- und Hintergrundfarbe festlegen.

3.4.7 Überschrift

Der Block »Überschrift« ermöglicht Ihnen, eine Überschrift einzufügen und zu formatieren.

Abbildung 3.29: Überschriften-Block

Zur Verfügung stehen Ihnen dabei die folgenden Möglichkeiten (siehe Abbildung 3.29, von links nach rechts):

- Blocktyp ändern: Hiermit können Sie eine Überschrift in einen anderen Blocktyp umwandeln, z. B. einen Absatz oder ein Zitat
- Block ziehen
- Block verschieben
- Überschriftebene auswählen
- Textausrichtung wählen
- Der entsprechende Abschnitt wird als bedeutungsvoll hervorgehoben bzw. fett formatiert.
- Der entsprechende Abschnitt wird als wichtig hervorgehoben bzw. kursiv formatiert.
- Einen Link einfügen/ändern
- Weitere Möglichkeiten: Durchgestrichen, Hervorheben, Hochgestellt, Inline-Bild, Inline-Code, Tastatureingabe, Tiefgestellt

Zudem können Sie, wie bei allen Text-Blöcken, die Schrift- und Hintergrundfarbe, die Typografie und einen Außenabstand festlegen.

Überschrift 1

Überschrift 1

Überschrift 1

ÜBERSCHRIFT 1

Abbildung 3.30: Verschieden gestaltete Überschriften

3.4.8 Vers

WordPress bietet sogar einen eigenen Block für Verse.

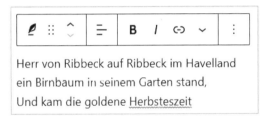

Herr von Ribbeck auf Ribbeck im Havelland
ein Birnbaum in seinem Garten stand,
Und kam die goldene Herbsteszeit

Abbildung 3.31: Vers-Block

Hier können Sie Text einfügen, ausrichten, verlinken und formatieren. Absätze und Zeilenumbrüche bleiben dabei erhalten.

Durch die Einstellungsmöglichkeiten in den Bereichen »Farbe« und »Typografie« sowie der Möglichkeit, einen Innenabstand für diesen Block festzulegen, können Sie Verse optisch gut vom restlichen Inhalt abheben.

Herr von Ribbeck auf Ribbeck im Havelland
ein Birnbaum in seinem Garten stand,
Und kam die goldene Herbsteszeit

Abbildung 3.32: Formatierter Vers im Frontend

3.4.9 Vorformatiert

In diesem Block kann man wie im Block »Code« Text einfügen, wobei Abstände und Zeilenumbrüche erhalten bleiben. Sie haben aber keine Möglichkeit, Abstände und Ränder einzurichten.

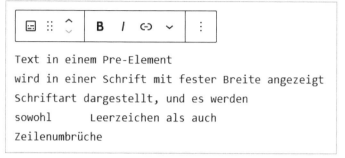

Abbildung 3.33: Der Block »Vorformatiert«

3.4.10 Zitat

Mithilfe des Zitat-Blocks können Sie Zitate gut in Szene setzen.

Abbildung 3.34: Zitat-Block

Dazu stehen Ihnen die folgenden Möglichkeiten zur Verfügung (siehe Abbildung 3.34, von links nach rechts):

- Zwischen verschiedenen Stilen oder sogar den Blocktypen wechseln
- Block ziehen
- Block verschieben
- Ausrichtung

- Der entsprechende Abschnitt wird als bedeutungsvoll hervorgehoben bzw. fett formatiert.
- Der entsprechende Abschnitt wird als wichtig hervorgehoben bzw. kursiv formatiert.
- Einen Link einfügen/ändern
- Weitere Möglichkeiten: Durchgestrichen, Hervorheben, Hochgestellt, Inline-Bild, Inline-Code, Tastatureingabe, Tiefgestellt

Zudem kann man nicht nur das eigentliche Zitat einfügen, sondern auch die Quelle.

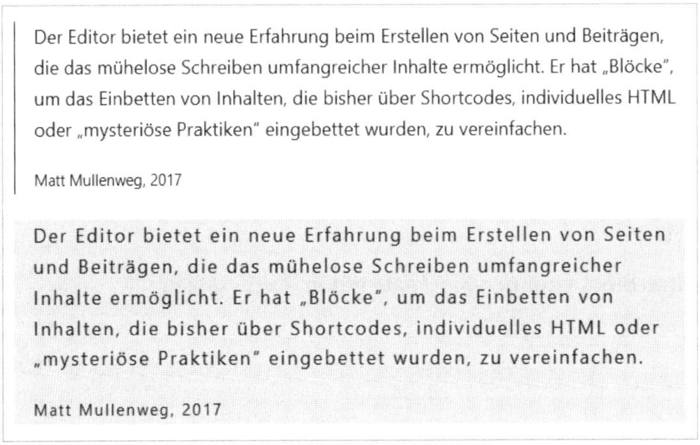

> Der Editor bietet ein neue Erfahrung beim Erstellen von Seiten und Beiträgen, die das mühelose Schreiben umfangreicher Inhalte ermöglicht. Er hat „Blöcke", um das Einbetten von Inhalten, die bisher über Shortcodes, individuelles HTML oder „mysteriöse Praktiken" eingebettet wurden, zu vereinfachen.
>
> Matt Mullenweg, 2017

> Der Editor bietet ein neue Erfahrung beim Erstellen von Seiten und Beiträgen, die das mühelose Schreiben umfangreicher Inhalte ermöglicht. Er hat „Blöcke", um das Einbetten von Inhalten, die bisher über Shortcodes, individuelles HTML oder „mysteriöse Praktiken" eingebettet wurden, zu vereinfachen.
>
> Matt Mullenweg, 2017

Abbildung 3.35: Standard-Zitat (oben) und angepasstes einfaches Zitat (unten) im Frontend

3.5 Medien-Blöcke

Die Blöcke aus dem Bereich »Medien« sind sehr unterschiedlich, für alle Blöcke können aber eigene CSS-Klassen und ein HTML-Anker festgelegt werden.

3.5.1 Audio

Audiodateien können zum einen von einer URL wiedergegeben werden und zum anderen hochgeladen bzw. aus der Mediathek eingefügt werden.

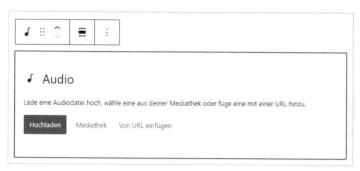

Abbildung 3.36: Eine Audiodatei einfügen

Dabei können Sie entscheiden, ob das Element linksbündig, zentriert oder rechtsbündig eingefügt werden soll. Je nach Theme kann man auch wählen, ob die Darstellung über die gesamte Breite gehen soll. Ähnlich wie bei Bildern kann die Audiodatei eine Beschriftung erhalten, die wiederum formatiert werden kann.

Abbildung 3.37: Eingebundene Audiodatei

Bei den Einstellungen der Audiodatei finden Sie die Optionen, die festlegen, ob die Audiodatei automatisch abgespielt und in einer Schleife wiedergegeben werden soll. Sie können außerdem festlegen, wie die Datei geladen werden soll, bevor sie abgespielt wird:

- BROWSER-STANDARD: Ob und was heruntergeladen wird, wird durch die Browsereinstellungen festgelegt.
- AUTOMATISCH: Die Datei wird beim Laden der Seite automatisch mitgeladen.
- METADATEN: Beim Laden der Seite werden nur notwendige Metadaten der Audiodatei mitgeladen.
- KEINE: Es werden keine Daten geladen, bis der Besucher die Datei abspielt.

Je weniger Daten vor dem Abspielen geladen werden, desto mehr wird das Datenvolumen, insbesondere bei mobilen Verbindungen, geschont und desto schneller lädt die Seite insgesamt.

3.5.2 Bild

Mit diesem Block können Sie ein Bild einfügen.

Abbildung 3.38: Bild-Block einfügen

Wenn Sie ein Bild einfügen möchten, müssen Sie zunächst entscheiden, wo das Bild »liegt« – müssen Sie es zunächst von Ihrem Rechner hochladen oder ist es schon in der Mediathek gespeichert oder ist es über eine URL erreichbar?

> **Mediathek**
>
> Sie finden die Mediathek unter dem Menüpunkt MEDIEN. Hier finden Sie eine Übersicht über alle hochgeladenen Medien und können Medien auch unabhängig vom Verfassen von Beiträgen und Seiten hochladen. Sie können Bilder zur Bearbeitung aufrufen oder sie sich gefiltert nach Art und/ oder Datum anzeigen lassen.

Haben Sie ein Bild auf Ihrem Rechner gespeichert, das Sie in den Beitrag einfügen möchten, so klicken Sie entweder auf den Button HOCHLADEN oder ziehen Sie es aus einem geöffneten Windows-Fenster einfach mit der Maus in den Bereich.

Im ersten Fall öffnet sich ein Windows-Fenster, in dem Sie die Datei auswählen. Wählen Sie ein Bild aus, um es in WordPress hochzuladen. Dieser Vorgang kann je nach Bildgröße ein paar Sekunden dauern.

Wenn Sie ein Bild schon zu einem früheren Zeitpunkt hochgeladen haben, können Sie es über den entsprechenden Button MEDIATHEK ansteuern. Dafür wählen Sie das entsprechende Bild aus und bestätigen diese Auswahl.

Hotlinking

Lassen Sie bitte Vorsicht walten, wenn Sie fremde Grafiken und Dateien einbinden, die auf anderen Servern liegen. So etwas nennt man Hotlinking und wird von den meisten Webmastern nicht gern gesehen. Wenn Sie ein Bild hotlinken, erscheint es in Ihrem Beitrag. Sie haben einen zusätzlichen Inhalt, aber der Aufruf des Bildes passiert auf dem Server des anderen Webmasters. Dieser hat dadurch mehr Datendurchsatz auf seinem Server und je nachdem, wie oft ein Bild aufgerufen wird, hat er auch zusätzliche Kosten und der Server wird durch die zusätzlichen Anfragen belastet.

Hotlinken sollten Sie daher nur, wenn die Dateien auf Ihrem eigenen Webspace liegen oder der Webmaster es Ihnen erlaubt hat. Manche Video- (z. B. YouTube) und Bild-Dienste (Flickr) erlauben explizit das Hotlinken der Dateien, die auf ihren Servern liegen.

Ein weiterer Aspekt sind die rechtlichen Folgen. Nur weil ein Bild auf einer Website eingebunden ist, heißt das noch lange nicht, dass ein anderer Webmaster dieses Bild nutzen darf. Indem Sie ein Bild hotlinken, machen Sie es zum eigenen Inhalt und da die meisten Bilder im Internet urheberrechtlich geschützt sind, könnte das für Sie unangenehme Konsequenzen haben. In diese Falle tappen leider auch sehr erfahrene Webmaster.

Abbildung 3.39: Eingefügtes Bild

Ist das Bild ausgewählt und eingefügt, können Sie einige Angaben dazu machen, die die Darstellung beeinflussen.

Zum einen können Sie die Größe des Bildes beeinflussen, indem Sie es durch Klicken und Ziehen verkleinern oder vergrößern.

Unterhalb des Bildes können Sie auch eine Beschriftung einfügen, die dann im Frontend erscheint. Auch hier können Sie den Text formatieren und verlinken.

Oberhalb des Bildes finden Sie eine Werkzeugleiste mit den folgenden Optionen (siehe Abbildung 3.39. Achtung: Je nach Theme kann es sein, dass Ihnen nicht alle Möglichkeiten zur Verfügung stehen!):

- Block-Typ oder-Stil ändern
- Bild ziehen
- Bild verschieben
- Bildausrichtung
- Bild verlinken: Dabei kann man auswählen, ob es überhaupt eine Verlinkung geben soll und falls ja, wohin diese führt. Möglich ist hierbei die Verlinkung zur Medien-Datei selbst, zur Anhang-Seite (eine automatisch erstellte Unterseite, die die Medien-Datei als einzigen Inhalt hat) oder zu einer individuellen URL, die manuell eingegeben werden kann. Auf der Anhang-Seite wird neben dem Bild auch die Beschreibung, die Sie evtl. eingefügt haben, angezeigt.
- Bild zuschneiden: Hier können Sie in das Bild hineinzoomen, das Seitenverhältnis anpassen oder das Bild drehen.
- Überlagernden Text einfügen: Ändert den Block zum Cover-Block (siehe Abschnitt 3.5.6 »Titelbild (Cover)«).
- Duotone-Filter anwenden (ein Bild wird mit zwei Farben überlagert, wobei dunkle Stellen durch eine Farbe und die hellen durch eine andere ersetzt werden)
- Bild ersetzen
- Ansicht anpassen (⋮)

Besonders der Punkt »Bild zuschneiden«, bietet einige Möglichkeiten, um Bilder auch nach der Einbindung noch anzupassen. Hier können Sie in ein Bild hineinzoomen und das Seitenverhältnis bestimmen. Das so bearbeitete Bild wird separat/zusätzlich in der Mediathek gespeichert.

Abbildung 3.40: Bild zoomen

Bei den Einstellungen für ein Bild haben Sie zudem die Möglichkeit, neben dem Stil (Standard oder abgerundet) einen Rahmen einzufügen, einen Alternativtext anzugeben und auch pixelgenau eine Größe für das Bild auszuwählen.

alt-Attribut

Als Alternativtext sollten Sie eine aussagekräftige Bezeichnung wählen, denn dies ist der Inhalt des alt-Attributs. Er erscheint, wenn das Bild nicht geladen werden kann. Der Inhalt wird zudem von Screenreadern als Bildbeschreibung genutzt.

Im Gegensatz zum Beitragsbild wird der Text für das alt-Attribut nicht automatisch gesetzt, wenn der Alternativ-Text leer bleibt. Für das Beitragsbild fügt WordPress bei leerem Alternativ-Text den Titel des Beitrags bzw. der Seite ein.

Bild bearbeiten

Abbildung 3.41: Anhang-Details bearbeiten

Bei den Anhang-Details in der Mediathek (Menüpunkt MEDIEN|MEDIENÜBERSICHT) finden Sie unterhalb des Bildes den Link BILD BEARBEITEN. Dieser führt Sie zu einer Arbeitsoberfläche, die es Ihnen ermöglicht, Ihr hochgeladenes Bild rudimentär zu bearbeiten.

Abbildung 3.42: Bild bearbeiten mit der internen WordPress-Funktion

Sie können Ihr Bild hier beschneiden, drehen, spiegeln oder skalieren. In den meisten Fällen empfiehlt es sich jedoch, Bilder vor dem Hochladen mit einem Desktop-Bildbearbeitungsprogramm zu bearbeiten.

3.5.3 Datei

Um Dateien zum Download bereitzustellen, gibt es den Block »Dateien«.

Abbildung 3.43: Eine Datei zum Download anbieten

Hiermit können Sie eine Datei einbinden, die dann zum Download bereit-steht. Dabei können Sie auswählen, ob Sie einen verlinkten Namen und/oder einen Button anzeigen lassen möchten, wobei auch ein Textlink zur Anhang-Seite möglich ist. Der Button-Link führt immer direkt zur Datei.

Abbildung 3.44: Eingebettetes PDF-Dokument

Wenn Sie ein PDF-Dokument einfügen, haben Sie sogar die Möglichkeit, sich die Inline-Einbettung anzeigen zu lassen. Sie können die Höhe (in Pixel) dieser Einbettung festlegen, auf vielen Tablets und Smartphones/Handys werden eingebettete PDFs jedoch nicht angezeigt.

3.5.4 Galerie

Der Block »Galerie« gleicht dem Block »Bild« mit dem Unterschied, dass Sie hier mehrere Bilder zu einer Galerie zusammenfassen und präsentieren können.

Auch hier müssen Sie die Bilder entweder hochladen oder aus der Mediathek auswählen. Sie können die Ausrichtung der Galerie festlegen und sie beschriften.

Abbildung 3.45: Galerie bearbeiten

Bei den erweiterten Einstellungen zur Galerie kann man entscheiden, in wie vielen Spalten die Bilder angezeigt werden sollen, und auch, ob die Bilder alle in der gleichen Größe dargestellt, also eventuell zugeschnitten werden sollen. Außerdem lässt sich auswählen, in welcher Standardgröße die Bilder für die Darstellung in der Galerie verwendet werden sollen.

Außerdem können Sie entscheiden, womit die einzelnen Vorschau- bzw. Miniaturbilder verknüpft bzw. verlinkt sein sollen (Link zu). Medien-Datei bedeutet, dass die Bilder, wie bei Vorschaubildern üblich, mit ihrem eigenen Original verlinkt sind. Die Option Anhang-Seite öffnet eine Galerieseite, auf der auch die Beschreibung des Bildes, die Sie evtl. eingefügt haben, zu finden ist. Obendrein können Besucher (je nach eingesetztem Theme) auf den Galerieseiten zum vorhergehenden und nächsten Bild navigieren.

Sie können ebenso festlegen, in welchem Abstand zueinander die Bilder in der Galerie dargestellt werden sollen.

Einzelbilder in der Galerie

Abbildung 3.46: Ein einzelnes Bild in einer Galerie bearbeiten

Die Einzelbilder einer Galerie können genauso bearbeitet werden wie einzelne Bilder (siehe Abschnitt 3.5.2 »Bild«). Sie können verlinkt, zugeschnitten und mit einem Duotone-Filter versehen werden. Jedes einzelne Bild kann zudem innerhalb der Galerie verschoben werden und eine Beschriftung erhalten. Weiterhin können Sie jedes Bild individuell verlinken, unabhängig von der Einstellung der Galerie. Die Bildgröße kann festgelegt und die Ecken können abgerundet werden.

Bildergalerien ab WordPress 5.9

Bis einschließlich WordPress 5.8 war es nicht möglich, einzelne Bilder innerhalb einer Galerie zu bearbeiten. Mit dem Update auf WordPress 5.9 können ältere Galerien aber umgewandelt werden, sodass die neuen Features zur Verfügung stehen.

3.5.5 Medien und Text

Für die Platzierung von Medien und Text nebeneinander gibt es den Block »Medien und Text«.

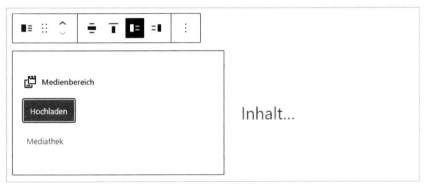

Abbildung 3.47: Block »Medien und Text«

Dabei können Sie entscheiden, ob der Block insgesamt über die volle oder die weite Breite (über den Inhaltsbereich) hinausgehen soll und auf welcher Seite das Medium bzw. Bild platziert werden soll (links oder rechts). Auch die vertikale Ausrichtung kann festgelegt werden.

Bei den Einstellungen können Sie festlegen, ob der Inhalt des Blocks in der mobilen Ansicht »gestapelt« werden soll, d. h., das Bild und der Text erscheinen dort dann unter- und nicht nebeneinander. Außerdem können Sie festlegen, ob das Bild im Medienbereich über die volle Höhe dargestellt werden und wie viel Prozent der Gesamtbreite es einnehmen soll. Zusätzlich dazu können Text- und Hintergrundfarbe (auch ein Verlauf ist möglich) festgelegt werden.

Abbildung 3.48: Verschiedene Möglichkeiten, Bild und Text darzustellen

Durch die unterschiedlichen Möglichkeiten der Gestaltung können Sie Ihre Website bzw. die Präsentation von Bildern und Texten sehr individuell gestalten.

3.5.6 Titelbild (Cover)

Durch die vielfältigen Möglichkeiten der Gestaltung eignet sich der Cover-Block insbesondere für Seiten-Header, aber auch für markante Design-Elemente innerhalb einer Seite.

Abbildung 3.49: Cover-Block

Ähnlich wie beim Einfügen eines Bildes können Sie ein Titelbild auswählen und es ausrichten oder mit einem Duotone-Effekt versehen. Dabei wird ein Bild mit zwei Farben überlagert, wobei dunklen Stellen durch eine Farbe und die hellen durch eine andere ersetzt werden. Sie haben aber auch die Möglichkeit, eine farbige Fläche als Cover zu wählen. Mit einem Klick auf USE FEATURED IMAGE können Sie überdies auswählen, ob das Beitragsbild als Cover-Bild eingesetzt werden soll. Ändert man das Beitragsbild, ändert sich auch das Cover-Bild.

Unabhängig davon, für welche Variante Sie sich entscheiden (farbiger Hintergrund, Bild, Beitragsbild) können dann weitere Blöcke eingefügt, platziert und formatiert werden.

Das gesamte Coverbild kann dabei, wenn das Theme es zulässt, auch über die volle Breite der Seite gehen. Überdies ist es möglich, die Höhe auch in Abhängigkeit vom sichtbaren Bereich des Ausgabegeräts festzulegen.

Es ist ebenfalls möglich, ein Bild über die gesamte (sichtbare) Höhe zu platzieren. In Kombination mit einem festgelegten Innenabstand (Padding) können so großflächige Bereiche designt und mit Inhalt gefüllt werden.

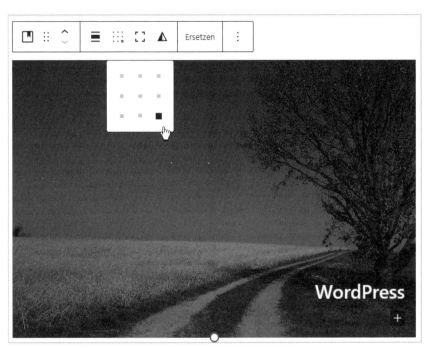

Abbildung 3.50: Cover-Bild mit rechts unten platziertem Text

Bei den Einstellungen können Sie zusätzlich die folgenden Optionen auswählen:

- Medien-Einstellungen (nicht verfügbar bei einer farbigen Fläche als Cover)
  - Hintergrund fixieren
  - Hintergrund wiederholen
  - Fokuspunkt festlegen
- Farbe
  - Overlay bzw. Abdunklungsgrad (mit verschiedenen Farben oder Verläufen), sodass eine Beschriftung auch in jedem Fall gut sichtbar ist.
- Typografie
- Größe

3.5.7 Video

So wie es möglich ist, Bilder und Galerien oder aber auch Audiodateien einzubinden, können Sie auch Videos zu Ihrem Beitrag oder Ihrer Seite hinzufügen.

Abbildung 3.51: Video-Block

Wie bei anderen Medien auch, müssen Sie zunächst die entsprechende Datei auswählen (hochladen oder aus der Mediathek). Danach können Sie die Ausrichtung festlegen und eine Beschriftung einfügen, die Sie wiederum formatieren und/oder verlinken können.

Einem Video können Sie auch Untertitel und Beschreibungen (»Text tracks«) hinzufügen.

In den Einstellungen können die folgenden Optionen aktiviert werden:

- **Automatische Wiedergabe**: Das Video startet direkt beim Laden der Webseite.
- **Schleife**: Das Video spielt in einer Endlosschleife.
- **Stumm geschaltet**: Das Video wird ohne Ton abgespielt.
- **Wiedergabe-Steuerung**: Die Bedienknöpfe für das Video sind ein- oder ausgeblendet.
- **Inline abspielen**: Fügt dem Video das Attribut *playsinline* hinzu. Damit können Videos auch auf iOS-Geräten innerhalb des Beitrags bzw. der Seite abgespielt werden, ohne dass das Video in einem externen Player geladen wird.
- **Vorladen:** Welche Elemente des Videos sollen direkt beim Laden der Webseite geladen werden?
    - Automatisch (Einstellungen des Browsers werden befolgt)
    - Metadaten
    - Keine

Zu guter Letzt können Sie noch ein Vorschaubild auswählen, also ein Bild, das im Player angezeigt wird. Dies kann besonders hilfreich sein, wenn das Anfangsbild im Video wenig aussagekräftig ist oder aber Sie die Option gewählt haben, dass keine Daten des Videos beim Laden der Webseite geladen werden sollen.

3.6   Design-Blöcke

Um Ihre Inhalte auch optisch ansprechend zu präsentieren, haben Sie die Möglichkeit, Design-Blöcke einzusetzen. Die Blöcke aus dem Bereich »Design« sind sehr unterschiedlich, für alle Blöcke können aber eigene CSS-Klassen und ein HTML-Anker festgelegt werden.

3.6.1   Abstandshalter

Mithilfe des Abstandhalter-Blocks können leere Abstände zwischen Elementen bzw. anderen Blöcken eingefügt werden. Dabei kann man die Höhe des Abstandes in Pixeln und die Abstände nach oben und unten festlegen.

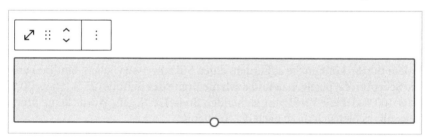

Abbildung 3.52: Abstandshalter

3.6.2   Buttons

![Buttons-Block Eltern-Element]

Abbildung 3.53: Buttons-Block (Eltern-Element)

Mit dem Buttons-Block haben Sie die Möglichkeit, einen oder mehrere eigene Buttons zu gestalten und einzufügen.

Mit dem Buttons-Block können Sie Buttons einfügen und diese ausrichten (links, zentriert, rechts). Sie können hier zudem ihre Ausrichtung festlegen (siehe Abbildung 3.53 von links nach rechts):

- Horizontal (links, zentriert, rechts, gleichmäßig verteilt)
- Vertikal (oben, mittig, unten)
- Breite (keine, weite, volle)

In den erweiterten Einstellungen können Sie zudem festlegen, ob sich die Buttons über mehrere Zeilen ausbreiten dürfen. Außerdem können Sie den Abstand zwischen den Blöcken pixelgenau festlegen.

Wenn Sie dann einen Button anklicken, können Sie diesen separat gestalten.

Abbildung 3.54: Button-Block (Kind-Element bzw. Einzel-Button)

Mit den Schaltflächen rechts neben der Ausrichtung können Sie für jeden Button die Verlinkung festlegen und die Schrift formatieren (fett, kursiv etc.). Auch ein Inline-Bild oder einen Inline-Code einzufügen, ist möglich.

Jedem Button können Sie außerdem einen Stil zuweisen (Füllen, Outline) und die Schriftgröße pixelgenau und auch die Breite des Buttons (25 %, 50 %, 70 % oder 100 % der zur Verfügung stehenden Breite) festlegen. Wurde keine Breite gewählt, richtet sich diese nach der Textlänge.

Selbstverständlich können Buttons auch farblich gestaltet werden. Dabei können Sie sowohl die Schriftfarbe als auch die Hintergrundfarbe (vollflächige Farbe oder einen Farbverlauf) festlegen. Auch die Innenabstände der Buttons sowie die Ränder können gestaltet werden.

Abbildung 3.55: Unterschiedlich gestaltete Buttons

Sie können zudem festlegen, ob die Verlinkung in einem neuen Tab/Fenster geöffnet werden soll, und Sie haben die Möglichkeit, ein rel-Attribut anzugeben.

rel-Attribut

Mit dem rel-Attribut können Abhängigkeiten dargestellt werden. Ein bekanntes Attribut wäre `nofollow`, das Suchmaschinen bedeutet, diesem Link nicht zu folgen. Nähere Informationen dazu können Sie bei selfhtml[2] finden.

3.6.3 Gruppe

Mit dem Block »Gruppe« haben Sie die Möglichkeit, mehrere unterschiedliche Blöcke zusammenzufassen. So kann eine Seite durch verschiedene Gruppen in Bereiche aufgeteilt werden.

Auch bereits erstellte Blöcke lassen sich im Nachhinein zu einer Gruppe zusammenfassen bzw. gruppieren. Dafür müssen sie nur markiert und »gruppiert« werden. Sie markieren Blöcke entweder im Inhaltsbereich mit der Maus oder in der Listenansicht mit gedrückter `Shift`-Taste+Mausklick.

Blöcke können auch zu Zeilen oder Stapeln gruppiert werden. Dazu wählen Sie im Werkzeugmenü den entsprechenden Button aus (von links nach rechts: gruppieren, Zeile, Stapel – siehe Abbildung 3.56).

In den Einstellungen für eine Gruppe können das Layout sowie die Text- und Hintergrundfarbe (auch ein Verlauf) und der Innenabstand festgelegt werden. Auch eine Umrandung ist möglich. Sie können auch die Breite für alle untergeordneten gruppierten Elemente anpassen (siehe Abbildung 3.57).

---

2   *https://wiki.selfhtml.org/wiki/HTML/Attribute/rel*

Weitere Einstellungen ausblenden Ctrl+Shift+,
Kopieren
Duplizieren Ctrl+Shift+D
Davor einfügen Ctrl+Alt+T
Danach einfügen Ctrl+Alt+Y
Verschieben nach
Zu wiederverwendbaren Blöcken hinzufügen
Gruppieren
Blöcke entfernen Shift+Alt+Z

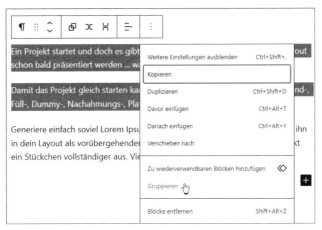

Abbildung 3.56: Mehrere Blöcke gruppieren

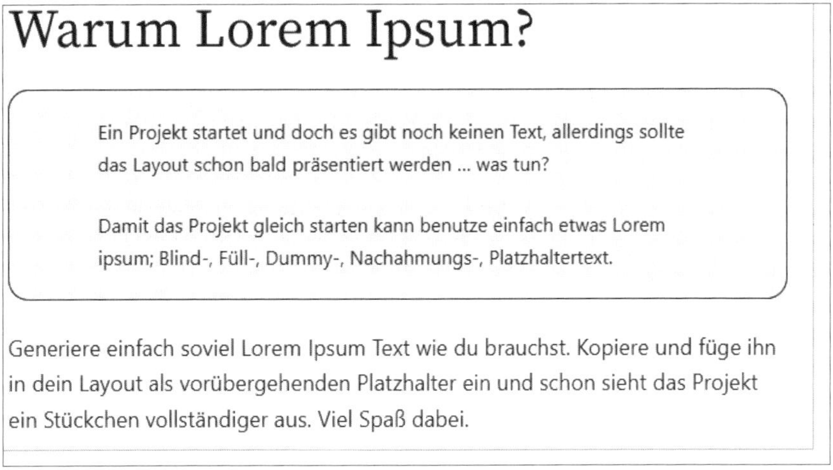

Warum Lorem Ipsum?
Ein Projekt startet und doch es gibt noch keinen Text, allerdings sollte das Layout schon bald präsentiert werden ... was tun?
Damit das Projekt gleich starten kann benutze einfach etwas Lorem ipsum; Blind-, Füll-, Dummy-, Nachahmungs-, Platzhaltertext.
Generiere einfach soviel Lorem Ipsum Text wie du brauchst. Kopiere und füge ihn in dein Layout als vorübergehenden Platzhalter ein und schon sieht das Projekt ein Stückchen vollständiger aus. Viel Spaß dabei.

Abbildung 3.57: Gruppierte Absätze

3.6.4 Mehr

Mithilfe des Mehr-Blocks können Sie ein `more`-Tag einfügen. Dieses bewirkt, dass auf Übersichtsseiten (also Start- und Archivseiten – siehe »Automatisch generierte Seiten (Archivseiten)« in Abschnitt 3.1.2 »Seiten«) der Beitrag nur bis zu diesem Punkt dargestellt wird. Danach folgt der Direktlink zum Beitrag. Der komplette Beitrag ist dann nur in der Einzelansicht verfügbar.

Abbildung 3.58: Mehr-Blocks

Dabei kann der Text des Links (Standard: WEITERLESEN) angepasst werden – wenn das Theme dies zulässt. Der Block kann nur einmal pro Beitrag bzw. Seite verwendet werden.

Bei den erweiterten Einstellungen kann man den Teaser vor dem »Weiterlesen«-Tag ausblenden, somit wird dieser in der Einzelansicht des Beitrags nicht mehr angezeigt.

> **Twenty Twenty-Two**
>
> Der Mehr-Block »greift« nur, wenn das Theme auch auf Übersichtsseiten erlaubt, den gesamten Inhalt eines Beitrags darzustellen. Beim Standard-Theme »Twenty Twenty-Two« ist dies nicht der Fall.

3.6.5 Seitenumbruch

Mithilfe eines Seitenumbruchs können Unterbrechungspunkte in einem Beitrag eingesetzt werden, sodass der Inhalt auf mehrere »Seiten« aufgeteilt wird (Paginierung). Die Besucher haben dann die Möglichkeit, vor- und zurückzublättern.

Medien

Textvorschlag: Wenn du ein registrierter Benutzer bist und Fotos auf diese Website lädst, solltest du vermeiden, Fotos mit einem EXIF-GPS-Standort hochzuladen. Besucher dieser Website könnten Fotos, die auf dieser Website gespeichert sind, herunterladen und deren Standort-Informationen extrahieren.

Seiten: 1 2 3

Abbildung 3.59: Paginierung

3.6.6 Spalten

Mithilfe von Spalten können Sie unterschiedliche Inhalte in Spalten darstellen. Innerhalb der einzelnen Spalten können Sie dann andere Blöcke platzieren, sodass die Inhalte nebeneinander erscheinen. Dabei können Sie optional auf ein vorgegebenes Layout zugreifen oder die Aufteilung der Spalten selbst vornehmen.

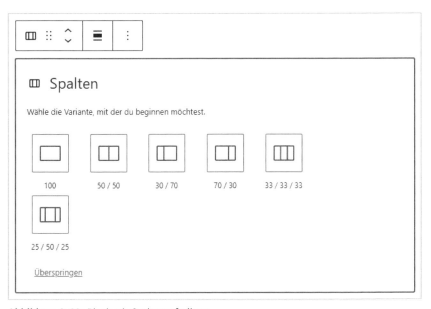

Abbildung 3.60: Block mit Spaltenaufteilung

In den Einstellungen können Sie diverse Farben festlegen (Text, Hintergrund). Zudem haben Sie hier die Möglichkeit, noch einmal die Anzahl der Spalten anzupassen. Sie können angeben, ob die Spalten auf mobilen Endgeräten »gestapelt« werden, also über- anstatt nebeneinander angezeigt werden sollen. Außerdem können Außen- und Innenabstände festgelegt werden.

Auch für die Kind-Elemente, also die einzelnen Spalten, können die Farben (Text, Hintergrund) angepasst werden.

Abbildung 3.61: Unterschiedlich farbige Spalten

3.6.7 Stapel

Analog zu den Spalten können Inhalte auch in Stapeln organisiert werden. Sie werden dann untereinander platziert.

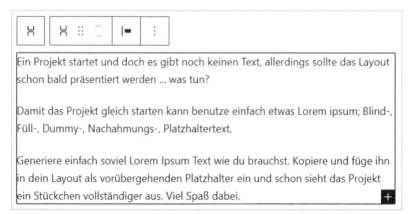

Abbildung 3.62: Gestapelte Absätze

3.6.8 Trenner

Mithilfe eines Trennzeichens kann ein Text optisch aufgelockert oder strukturiert werden.

Abbildung 3.63: Block für einen Trenner

Dabei können Sie zwischen einer kurzen Linie, einer breiten Linie oder Punkten für die Darstellung wählen. Zudem kann die Farbe des Trennzeichens festgelegt werden.

3.6.9 Zeile

Mit dem Block »Zeile« können mehrere Blöcke in einer Reihe platziert werden. Dabei kann die Ausrichtung dieser Blöcke festgelegt werden, Farben für Text und Hintergrund sowie eine Umrandung und ein Innenabstand.

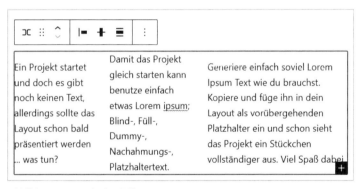

Abbildung 3.64: Block »Zeile«

Der Block »Zeile« kann entweder leer eingefügt oder aber auf ausgewählte Blöcke angewendet werden.

3.7   Widgets

Mithilfe der Widget-Blöcke können unterschiedlichste Inhalte eingefügt werden. Dabei geht es oft um die Darstellung zusätzlicher Informationen für den Besucher der Website, wie z. B. eine Liste der neuesten Beiträge oder

Kommentare, eine Schlagwörterwolke oder aber auch die Links zu den Auftritten in den sozialen Medien. Fast allen Widget-Blöcken können individuelle CSS-Klassen zugewiesen werden.

3.7.1 Archive

Mit dem Block »Archive« können Sie ein Archiv aller Beiträge anzeigen. Die Einträge können nach Tag, Woche, Monat oder Jahr gruppiert werden. Dabei können Sie auswählen, ob die Einträge als Liste oder als Dropdown angezeigt werden sollen. Eine weitere Option bei den erweiterten Einstellungen ermöglicht es auch, die Anzahl der jeweiligen Beiträge anzuzeigen.

April 2022 (6)
März 2022 (3)
Februar 2022 (3)
Oktober 2021 (10)
September 2021 (7)
August 2021 (1)
Juli 2021 (1)
Juni 2021 (1)
Juni 2020 (6)

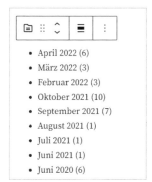

Abbildung 3.65: Archive

3.7.2 Individuelles HTML

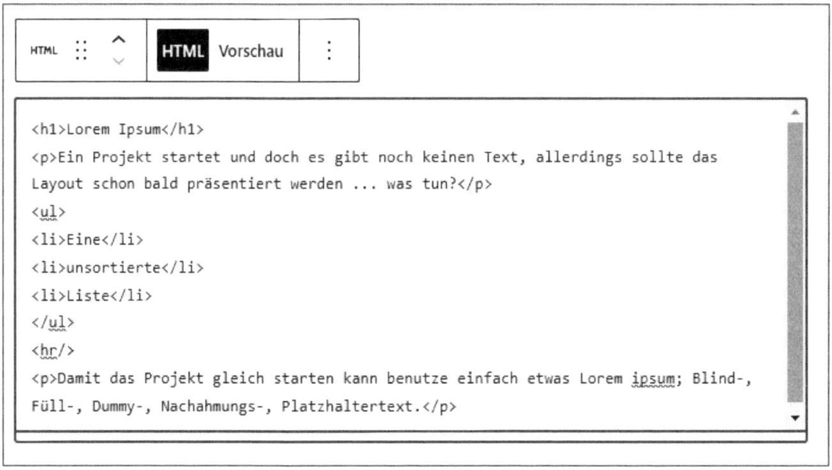

HTML
HTML
Vorschau
<h1>Lorem Ipsum</h1>
<p>Ein Projekt startet und doch es gibt noch keinen Text, allerdings sollte das Layout schon bald präsentiert werden ... was tun?</p>
<ul>
<li>Eine</li>
<li>unsortierte</li>
<li>Liste</li>
</ul>
<hr/>
<p>Damit das Projekt gleich starten kann benutze einfach etwas Lorem ipsum; Blind-, Füll-, Dummy-, Nachahmungs-, Platzhaltertext.</p>

Abbildung 3.66: HTML-Block mit Inhalt

Der Block »Individuelles HTML« ermöglicht es Ihnen, den Inhalt des Blocks per HTML-Code zu verfassen, und schon im Backend eine Vorschau davon zu sehen. Dabei können Sie den Inhalt frei gestalten und haben somit keinerlei Beschränkung.

Abbildung 3.67: HTML-Block mit Vorschau des Inhalts

3.7.3 Kalender

Der Kalender-Block stellt die Beiträge der Website in einer Kalenderansicht dar. Dabei kann die Ausrichtung des Kalenders geändert werden.

Mai 2022						
M	D	M	D	F	S	S
						1
2	3	4	5	6	7	8
9	10	11	12	13	14	15
16	17	18	19	20	21	22
23	24	25	26	27	28	29
30	31					

Abbildung 3.68: Kalender-Block

3.7.4 Kategorien

Der Block »Kategorie« fügt eine Liste der Kategorien ein.

Abbildung 3.69: Kategorie-Block

In den Einstellungen können Sie festlegen, ob die Liste als ausklappbare Liste angezeigt werden soll, ob die Anzahl der Beiträge in der jeweiligen Kategorie angezeigt werden und ob die Anzeige auch die Hierarchie darstellen soll. Außerdem können Sie die Anzeige auf Eltern-Kategorien beschränken.

3.7.5 Neueste Beiträge

Mit dem Block »Neueste Beiträge« können Sie sich eine Liste oder eine Rasteransicht der letzten Beiträge anzeigen lassen und dabei auch die Ausrichtung der Darstellung festlegen (rechts, zentriert, links, weite Breite, gesamte Breite).

Abbildung 3.70: Block für die neuesten Beiträge

In den Einstellungen haben Sie die folgenden Möglichkeiten:

- ANZEIGEN DES INHALTS: komplett oder Auszug (wie viele Wörter)
- ANZEIGE DER METADATEN: Autor, Datum
- ANZEIGE DES BEITRAGSBILDES: Größe, Ausrichtung, Verlinkung
- REIHENFOLGE FESTLEGEN: alphabetisch oder nach Veröffentlichungsdatum, auf- oder absteigend
- KATEGORIE: alle oder eine einzelne
- AUTOR: alle oder einzeln
- ANZAHL DER DARGESTELLTEN ELEMENTE
- ANZAHL DER SPALTEN (nur bei Rasteransicht)

Die Neuesten Beiträge können somit individuell gestaltet werden.

Abbildung 3.71: Neueste Beiträge im Frontend

3.7.6 Neueste Kommentare

Der Block »Neueste Kommentare« zeigt die letzten Kommentare an.

Abbildung 3.72: Block »Neueste Kommentare«

Neben der Möglichkeit, die Darstellung auszurichten (links, zentriert, rechts, weite Breite, gesamte Breite), bieten die Einstellungen zusätzliche Optionen:

- Sollen Avatare angezeigt werden?
- Soll das Datum angezeigt werden?
- Soll ein Textauszug angezeigt werden?
- Wie viele Kommentare sollen angezeigt werden?

3.7.7 RSS

Der RSS-Block ermöglicht das Einfügen von RSS-Feeds in Seiten oder Beiträgen.

Abbildung 3.73: RSS-Block

Nach der Eingabe der Feed-URL können Sie auswählen, ob zusätzlich zu den Titeln auch der Autor, das Veröffentlichungsdatum und ein Auszug aus dem Inhalt dargestellt werden soll. Selbstverständlich können Sie auch festlegen, wie viele Elemente angezeigt werden.

Die Feed-Elemente können entweder als Liste oder als Raster angezeigt werden.

3.7.8 Schlagwörter-Wolke

Mit dem Block der Schlagwörter-Wolke kann man eine Wortwolke der Schlagwörter darstellen. Dabei ist es hier auch möglich, anstatt der Schlagwörter die Kategorien darzustellen. Zusätzlich dazu können Sie auswählen, ob auch die Anzahl der Beiträge in der jeweiligen Kategorie bzw. mit dem jeweiligen Schlagwort angezeigt werden soll. Zudem können Sie die Anzahl der dargestellten Schlagwörter begrenzen und ihre Größe festlegen.

Amazon bilder CSS css-tipps CSS3 e-books e-mail Einsteiger Facebook firefox geld-verdienen geld2null google Gutenberg jetpack microsoft newsletter nla online-recht optimierung Performance rss-feed selbstaendig selbstmanagement seo Sicherheit Tools treffen twitter umfrage usability web 2.0 webwork-tools WordPress wordpress-anpassung wordpress-buch wordpress-faq WordPress-Plugins wordpress-themes WordPress-Tipps wordpress-update wordpress 3.0 WordPress 3.4 WordPress 3.5 wordpress 3.6

Abbildung 3.74: Block für die Schlagwörter-Wolke

3.7.9 Seitenliste

Mit dem Block »Seitenliste« kann eine Liste aller vorhandenen Seiten ausgegeben werden.

Abbildung 3.75: Block für eine Liste aller Seiten

3.7.10 Shortcode

Viele Plugins bzw. Funktionen können innerhalb von WordPress-Beiträgen und -Seiten mithilfe von Shortcodes eingebunden werden. Damit dieser auch ausgeführt wird, muss er im Block »Shortcode« eingefügt werden. Gängige Funktionen, die per Shortcode eingebunden werden, sind z. B. Kontaktformulare oder Galerien, wobei diese meistens auch eigene Blöcke bieten, mit denen die Inhalte eingefügt werden können.

Abbildung 3.76: Block für Shortcodes

3.7.11 Social Icons

Mit dem Block »Social Icons« können Symbole verschiedener sozialer Netzwerke eingebunden werden.

Abbildung 3.77: Eltern-Block für Social Icons

Der Block besteht dabei aus einem Eltern-Block, bei dem Sie die Ausrichtung der Icons und die Größe festlegen können. Innerhalb des Eltern-Blocks werden dann die Icons (Kind-Blöcke) der sozialen Netzwerke angezeigt, die mit dem eigenen Profil verlinkt werden.

In den Einstellungen können Sie zudem den Stil für die Icons (normal, nur Logos, Pillenform), die Farben für Icons und Hintergrund, die Abstände der Icons zueinander und die Linkeinstellungen (Links in neuem Tab öffnen, Label anzeigen) festlegen.

Insgesamt stehen über 40 verschiedene soziale Netzwerke zur Verfügung.

Abbildung 3.78: Kind-Block mit Social Icon (Twitter)

3.7.12   Suchen

Mit dem »Suchen«-Block kann man ein Suchformular an einer beliebigen Stelle im Inhaltsbereich der Website einfügen und dabei auch einen Platzhaltertext für das Suchfeld angeben.

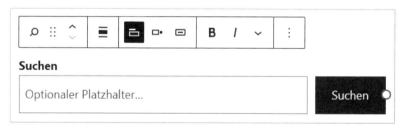

Abbildung 3.79: Suchen-Block

Sie können die Ausrichtung festlegen und ob das Such-Label und der Such-Button angezeigt werden sollen. In den Einstellungen kann die Breite entweder pixelgenau oder prozentual festgelegt werden. Außerdem können Text- und Hintergrundfarbe sowie ein Rahmen (Breite, Farbe, Radius) definiert werden.

3.8 Theme-Blöcke

Blöcke aus dem Bereich »Theme« sind speziell für Templates geeignet. Sie sollten nur mit Bedacht in Beiträgen und auf Seiten eingefügt werden. Allen Blöcken kann eine CSS-Klasse zugewiesen werden, oft kann auch das HTML-Element festgelegt werden.

In Kapitel 4 stellen wir Ihnen alle Blöcke aus dem Bereich »Theme« ausführlich vor.

3.9 Inhalte einbetten (Einbettungen)

Mithilfe spezieller Blöcke können Sie externe Inhalte einbetten. Dazu benötigen Sie jeweils nur die entsprechende URL.

Abbildung 3.80: Eingebettetes YouTube-Video

Derzeit können Inhalte aus mehr als 30 verschiedenen Quellen eingebettet werden.

In den Einstellungen können dem Block eigene CSS-Klassen zugewiesen werden.

3.10 Blöcke sperren

Jeder Block kann für die Bearbeitung gesperrt werden. Dabei kann man auswählen, ob man das Bewegen (Verschieben) deaktivieren und/oder das Entfernen verhindern möchte.

Die Möglichkeit dazu finden Sie bei jedem Block in der Werkzeugleiste unter
dem Menüpunkt »Ansicht anpassen« (:).

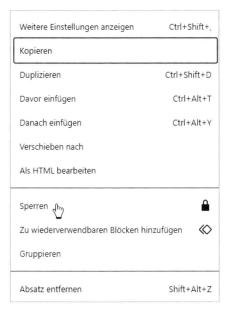

Abbildung 3.81: Eigenschaften eines Blocks sperren

Hier können Sie auswählen, ob das Bewegen und/oder das Entfernen des
jeweiligen Blocks gesperrt werden soll. So können ungewollte Änderungen
in einem Beitrag oder auf einer Seite verhindert werden. Besonders sinnvoll
kann es sein, Blöcke in Templates zu sperren.

Abbildung 3.82: Block-Eigenschaften sperren

3.11 Wiederverwendbare Blöcke

Alle Blöcke können gespeichert werden. Diese gespeicherten Blöcke können dann jederzeit überall eingefügt werden. Dafür muss man beim gewünschten Block auf den Button »Ansicht anpassen« (⋮) klicken und dort die Option Zu WIEDERVERWENDBAREN BLÖCKEN HINZUFÜGEN auswählen.

Dann muss man dem zu speichernden Block einen einprägsamen Namen geben und speichern.

Die Namen werden anschließend im Block-Inserter gelistet und erscheinen dann dort.

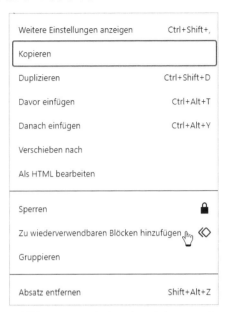

Abbildung 3.83: Block zu den wiederverwendbaren Blöcken hinzufügen

Abbildung 3.84: Wiederverwendbare Blöcke im Block-Inserter

Es ist auch möglich, mehrere Blöcke zu markieren und gemeinsam zu einem wiederverwendbaren Block hinzuzufügen.

Wiederverwendbare Blöcke eignen sich insbesondere für Buttons oder Text-bausteine bzw. für alle wiederkehrenden Elemente.

 Löschte man wiederverwendbare Blöcke, so werden diese dauerhaft aus allen Beiträgen und Seiten entfernt!

Inhalte innerhalb eines wiederverwendbaren Blocks können direkt bearbeitet werden. Beim Speichern fragt WordPress dann, ob nicht nur der jeweilige Bei-trag bzw. die Seite gespeichert werden soll, sondern auch die Änderungen, die im wiederverwendbaren Block vorgenommen wurden.

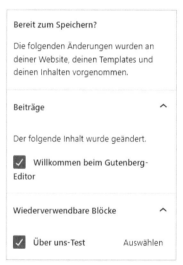

Abbildung 3.85: Achtung: Ein wiederverwendbarer Block wurde geändert und wird gespeichert.

Wiederverwendbare Blöcke verwalten (Import/Export)

In der Verwaltung der wiederverwendbaren Blöcke haben Sie die Möglich-keit, diese zu bearbeiten, zu exportieren, um sie entweder zu sichern oder aber in einer anderen WordPress-Installation zu importieren. Sie gelangen entwe-der über den Link im Block-Inserter oder den Link im Menü ANSICHT ANPASSEN des Gutenberg-Editors zur Verwaltung.

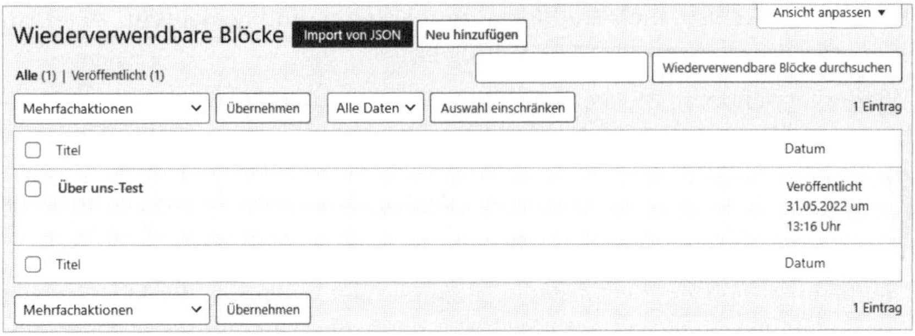

Ansicht anpassen ▾
Wiederverwendbare Blöcke
Import von JSON
Neu hinzufügen
Alle (1) | Veröffentlicht (1)
Wiederverwendbare Blöcke durchsuchen
Mehrfachaktionen
Übernehmen
Alle Daten
Auswahl einschränken
1 Eintrag
Titel
Datum
Über uns-Test
Veröffentlicht
31.05.2022 um
13:16 Uhr
Titel
Datum
Mehrfachaktionen
Übernehmen
1 Eintrag

Abbildung 3.86: Wiederverwendbare Blöcke verwalten

3.12 Vorlagen (Patterns)

Seit der WordPress-Version 5.5 gibt es die sogenannten »Block-Vorlagen« bzw. »Patterns«. Hier findet man Blöcke, die als Mustervorlagen für verschiedene Layouts bzw. Layout-Elemente dienen können. Hierbei gibt es einfache, aber auch komplexe Vorlagen, wie mehrspaltige Designs.

Block-Vorlagen können über den Block-Inserter eingefügt werden.

Nähere Informationen dazu, wie Sie selbst Vorlagen erstellen, finden Sie in Abschnitt 6.3.2.

Blöcke
Vorlagen
Wiederverwendbar
Hervorgehoben
Erkunden
Vogelbeobachtung
in deinem
Posteingang
Abonnement-Aufforderung
Lorem Ipsum
Willkommen beim
Gutenberg-Editor
Hallo Welt!
Hervorgehobene Beiträge

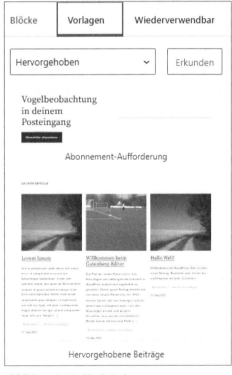

Abbildung 3.87: Block-Vorlagen

3.13   Metainformationen und Dokument-Einstellungen

Bevor Sie den Beitrag nun veröffentlichen bzw. publizieren, können Sie noch weitere (z. T. optionale) Einstellungen, die den Beitrag betreffen, tätigen. Wechseln Sie dazu auf den Reiter BEITRAG der ERWEITERTEN EINSTELLUNGEN (siehe Abbildung 3.3).

Die Einstellungsmöglichkeiten lassen sich in verschiedene Bereiche unterteilen.

Kontextsensitiv

Nicht alle Bereiche sind immer sichtbar. Gibt es z. B. keine Überarbeitungen, so wird der Bereich REVISIONEN nicht angezeigt. Falls die WordPress-Installation Plugins enthält, ist es auch möglich, dass zusätzliche Bereiche angezeigt werden.

Im Bereich ANSICHT ANPASSEN|VOREINSTELLUNGEN|BEDIENFELDER können Sie zudem einzelne Bereiche aus- bzw. einblenden.

3.13.1   Status & Sichtbarkeit

Die wichtigsten Funktionen, die die eigentliche Publikation, also Veröffentlichung betreffen, sind im Bereich STATUS UND SICHTBARKEIT zu finden.

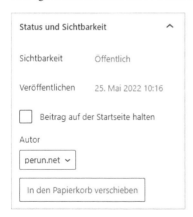

Abbildung 3.88: Status und Sichtbarkeit

Dieser Bereich ist kontextsensitiv, d.h., er ändert sich, je nachdem, ob ein Beitrag gerade neu geschrieben wird, ob er im Nachhinein geändert wird, wer ihn schreibt und wann er veröffentlicht werden soll. Als Mitarbeiter sind Sie z. B. nicht befugt, einen Beitrag direkt zu publizieren; Sie müssen ihn zur Überprüfung einreichen. Im Folgenden wird allerdings der Vorgang der Veröffentlichung aus Sicht eines Administrators beschrieben.

Wie Sie in Abbildung 3.88 sehen können, gibt es verschiedene Bereiche, für die Sie Einstellungen vornehmen können.

Sichtbarkeit

Hier wird Ihnen verlinkt der momentane Status des Beitrags angezeigt. Durch einen Klick auf diesen Link können Sie den Status ändern und einstellen, ob und für wen der Beitrag sichtbar ist.

Abbildung 3.89: Sichtbarkeit – wer darf einen Beitrag sehen?

- ÖFFENTLICH: Der Beitrag ist für alle Besucher sichtbar.
- PRIVAT: Der Beitrag kann nur von eingeloggten Administratoren und Redakteuren gesehen werden.
- PASSWORTGESCHÜTZT: Sie können dem Beitrag ein Passwort zuweisen, sodass der Beitrag nur von Besuchern aufgerufen werden kann, die das Passwort kennen.

Veröffentlichen

Hinter dem Stichwort VERÖFFENTLICHEN findet sich das Veröffentlichungsdatum eines Beitrags mit der genauen Uhrzeit. Sie können diesen Zeitpunkt ändern, indem Sie den verlinkten Zeitpunkt anklicken und ein anderes Datum bzw. eine andere Uhrzeit auswählen.

Abbildung 3.90: Kalender zur Festlegung des Veröffentlichungszeitpunkts

Durch eine Bearbeitung des Zeitpunkts können Sie einen Beitrag in die Vergangenheit zurückdatieren oder sogar für die Veröffentlichung in der Zukunft planen, d. h., er wird erst in der Zukunft für die Besucher sichtbar. Ändern Sie einfach das Datum und/oder die Uhrzeit.

Abhängig vom aktiven Theme

Je nachdem, welches Theme Sie verwenden, können Sie auch das **Beitragsformat** auswählen. Das Standard-Theme Twenty Twenty-One bietet z. B. die Beitragsformate Kurzmitteilung, Galerie, Link, Bild, Zitat, Standard, Status, Video, Audio, Chat.

Beitrag auf der Startseite halten

Wenn Sie die Option BEITRAG AUF DER STARTSEITE HALTEN aktivieren (siehe Abbildung 3.88), wird der Beitrag nicht in den normalen »Fluss eines Blogs« integriert. Werden aktuellere Beiträge veröffentlicht, bleibt dieser Beitrag trotzdem an oberster Stelle erhalten. Man spricht hierbei auch von einem »sticky post«.

Ausstehende Überprüfung

Wenn Sie die Option AUSSTEHENDE ÜBERPRÜFUNG aktivieren, wird der Beitrag nicht direkt veröffentlicht. Er wird gespeichert und muss dann (nach einer Überprüfung) veröffentlicht werden.

Autor

Hier wird der Autor eines Beitrags angezeigt. Er kann hier allerdings auch geändert werden. Klicken Sie dazu einfach auf den Pfeil und es öffnet sich eine Dropdown-Liste mit den Namen aller Autoren. Es wird nur ein Autor angezeigt, wenn es mehr als einen registrierten Benutzer in der WordPress-Installation gibt.

In den Papierkorb verschieben

Sobald ein Beitrag gespeichert wurde (automatisch oder manuell), erscheint im Veröffentlichen-Modul auch der Button IN DEN PAPIERKORB VERSCHIEBEN. Hiermit können Sie den Beitrag löschen.

Den Papierkorb erreichen Sie über das Menü BEITRÄGE|ALLE BEITRÄGE. Auf der Übersichtsseite finden Sie Links zu allen veröffentlichten Beiträgen sowie zu Entwürfen und dem Papierkorb (falls vorhanden). Beiträge werden im Papierkorb 30 Tage »aufbewahrt«, bevor sie automatisch – aber dann endgültig – gelöscht werden.

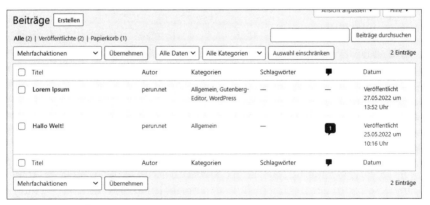

Abbildung 3.91: Übersicht aller Beiträge

Papierkorb

Die Aufbewahrungsdauer kann auch individuell angepasst oder sogar deaktiviert werden. Wie das geht, erläutern wir in Abschnitt 6.6.3.

3.13.2 Template

Wenn Sie Ihr Theme angepasst und eigene Templates erstellt haben, stehen Ihnen diese hier zur Verfügung und können ausgewählt werden.

Abbildung 3.92: Template für einen Beitrag

Wie Sie eigene Templates erstellen, erfahren Sie in Kapitel 4 »Design anpassen«.

3.13.3 Revisionen

Wie bereits eingangs erwähnt, ist der Bereich der Dokument-Einstellungen kontextsensitiv. Speichern Sie einen Beitrag z. B. mehrmals ab, so speichert WordPress diese unterschiedlichen Versionen, sodass Sie auch zu einem späteren Zeitpunkt darauf zugreifen können. Ist dies der Fall, wird Ihnen das Vorhandensein von Revisionen angezeigt.

Abbildung 3.93: Revisionen werden angezeigt.

Klicken Sie hier auf den verlinkten Bereich, so werden Ihnen alle verfügbaren Versionen angezeigt.

Abbildung 3.94: WordPress-Beiträge vergleichen

Über eine Art Zeitleiste kann man nun die gespeicherten Versionen miteinander vergleichen und bei Bedarf einen früheren Zeitpunkt wieder herstellen.

Anzahl der Revisionen begrenzen

Die Anzahl der maximal gespeicherten Revisionen kann begrenzt werden. Wie das geht, erläutern wir in Kapitel 6 »Tipps für Fortgeschrittene«.

3.13.4   Permalink

Abbildung 3.95: Permalink

Im Bereich »Permalink« können Sie die Titelform bzw. die URL Ihres Beitrags anpassen. Gleichzeitig finden Sie hier den Link zum Beitrag.

Das Anpassen des Permalinks kann z. B. sinnvoll sein, wenn der Titel eines Beitrags viele Füllwörter enthält. WordPress generiert aus dem Titel den Permalink und den könnte man dann an dieser Stelle leserlicher gestalten oder sogar kürzen. Die generellen Einstellungen der Permalinkstruktur (siehe Kapitel 1) werden davon nicht beeinflusst.

3.13.5 Kategorien

In diesem Bereich können Sie die Kategorie auswählen, in der Ihr Beitrag erscheinen soll. Sie haben auch die Möglichkeit, mehrere Kategorien auszuwählen. Gleichzeitig können Sie hier auch eine neue Kategorie erstellen. Neue Kategorien können sonst über den Menüpunkt BEITRÄGE|KATEGORIEN eingefügt werden.

Abbildung 3.96: Eine oder mehrere Kategorien auswählen

Sollten Sie keine Kategorie auswählen, wird der Beitrag der Standard-Kategorie zugeordnet.

3.13.6 Schlagwörter

Abbildung 3.97: Schlagwörter hinzufügen

Hier können Sie Schlagwörter bzw. Tags eingeben und hinzufügen. Je nach Konfiguration des Blogs, in dem Ihre Beiträge veröffentlicht werden, kann es sein, dass Besucher über die Schlagwörter nach Beiträgen suchen oder Beiträge mit ähnlichen Schlagwörtern als Empfehlung für die Leser ausgegeben werden.

3.13.7   Beitragsbild

Mit dem Beitragsbild können Sie ein Bild festlegen, das dann, abhängig vom Theme, das Sie nutzen, an unterschiedlicher Stelle angezeigt wird. Die meisten Themes nutzen das Beitragsbild in der Form eines Thumbnails für die Darstellung auf Übersichtsseiten (Startseite und Archive). Einige Themes zeigen diese Bilder auch im Headerbereich oder oberhalb des Titels eines Beitrags in der Einzelansicht an.

Abbildung 3.98: Ein Beitragsbild festlegen

Das Bild ist kein Teil des Beitrags, aber mit diesem »verknüpft«.

3.13.8   Textauszug

Abbildung 3.99: Einen Auszug verfassen

Im Bereich Auszug können Sie eine kurze Zusammenfassung oder einen Anreißer (engl. Teaser) zu Ihrem Beitrag verfassen.

Je nach Konfiguration können in einem Blog auf der Startseite und auf den Archivseiten Auszüge anstatt der vollständigen Beiträge angezeigt werden, die dann mit den eigentlichen Beiträgen verlinkt sind. Als Auszug wird dann entweder der hier verfasste Text oder automatisiert ein Auszug aus dem eigentlichen Beitrag, der die ersten 55 Wörter enthält, angezeigt.

3.13.9 Diskussion

Die Möglichkeit für Besucher, zu einem Beitrag Kommentare zu hinterlassen oder Track- bzw. Pingbacks zu senden, können Sie hier – unabhängig von den globalen Einstellungen Ihrer Website – festlegen. Die Auswahl kann jederzeit wieder geändert werden.

Abbildung 3.100: Diskussionseinstellungen

3.14 Einen Beitrag veröffentlichen

Wenn Sie nun einen Beitrag mithilfe von verschiedenen Blöcken verfasst und optional noch einige Dokumenten-Einstellungen getätigt haben, klicken Sie zum Abschluss auf den Button Veröffentlichen, der sich oberhalb des Editors befindet.

Abbildung 3.101: Einen Beitrag veröffentlichen

Danach erhalten Sie noch einmal eine kleine Übersicht mit verschiedenen Eckpunkten, wie die Sichtbarkeit und den Veröffentlichungszeitpunkt. Haben Sie noch kein Beitragsformat (abhängig vom Theme und Inhalt, siehe Abschnitt 3.13.1 »Status & Sichtbarkeit«) und noch keine Schlagwörter angegeben, so können Sie diese hier auswählen.

Abbildung 3.102: Bereit zu veröffentlichen?

Nach erfolgreicher Veröffentlichung können Sie entweder zum Beitrag selbst wechseln oder sich den Direktlink dorthin kopieren.

Abbildung 3.103: Ein Beitrag wurde veröffentlicht.

Sie können einen bereits veröffentlichten Beitrag auch wieder »zurückziehen« bzw. als Entwurf speichern.

Abbildung 3.104: Auf Entwurf umstellen

Dies geht zum einen direkt im Beitrag selbst, Sie können zum anderen aber auch über die QuickEdit-Funktion den Status ändern.

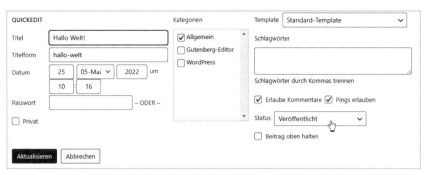

Abbildung 3.105: Status eines Beitrags über QuickEdit ändern

Näheres zur QuickEdit-Funktion erfahren Sie in Kapitel 6 »Tipps für Fortge-schrittene«.

Kapitel 4

Design anpassen

In diesem Kapitel soll es darum gehen, die in vorangegangenen Kapiteln kennengelernten Blöcke auch für die Gestaltung eines Themes zu nutzen. Die Block-Themes von WordPress ermöglichen das sogenannte *Full Site Editing*, sodass Design-Anpassungen im Backend auch ohne das Arbeiten im Code möglich sind.

Mit dem Standard-Theme »Twenty Twenty-Two« bot WordPress Anfang 2022 erstmals ein Full-Site-Editing-Theme (FSE-Theme) an, was bedeutet, dass man alle Bereiche der Website per Full Site Editing selbst gestalten kann. Auch das aktuelle Standard-Theme »Twenty Twenty-Three« ist ein sog. FSE-Theme.

Im Gegensatz dazu gab und gibt es bei klassischen Themes nur bestimmte Bereiche, die angepasst werden können. Dazu gehören in der Regel Dinge wie Farben und Schriftarten, aber auch Hintergrundbilder. Einige Themes bieten eine Auswahl an verschiedenen Designs an, was das Layout angeht (mehrspaltig, Sidebar rechts und/oder links etc.). Die neuen FSE-Themes sind grundlegend anders.

4.1 Full Site Editing

Mit Full Site Editing bietet WordPress seinen Benutzern völlig neue Möglichkeiten, das Design ihrer Site anzupassen:

- **Eine neue Schnittstelle für Stile:** Hier können Sie Ihre eigenen Farbpaletten hinzufügen und Farben, Typografie und Abstände ändern.
- **Bearbeitung von Templates:** Hier können Sie das Design von Beiträgen und Seiten anpassen.
- **Website-Bearbeitung:** Hier können Sie das Design Ihres Blogs, Ihres Archivs oder Ihrer 404-Seite sowie die Kopf- und Fußzeile Ihrer Website ändern.
- **Eine neue Art von Themes:** Vollständig editierbar, mit Blöcken aufgebaut.

WordPress möchte die Benutzer dazu befähigen, neue Anpassungsmöglichkeiten für Teile ihrer Website zu schaffen, die bisher nur mithilfe von Code oder komplexen Optionen bearbeitet werden konnten. Dadurch wird es für jeden, der WordPress verwendet, einfacher, das Design seiner Website und seiner Seiten zu ändern.

Sie gelangen über das Menü Design|Editor zum Full Site Editing.

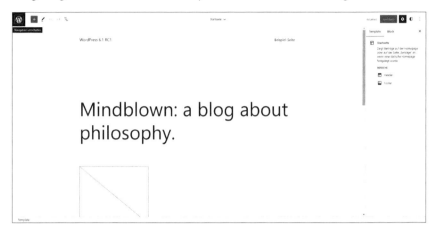

Abbildung 4.1: Design-Editor von WordPress

Hier haben Sie die Möglichkeit, die Stile zu nutzen und anzupassen, Templates zu bearbeiten und Ihre Website zu gestalten.

4.1.1 Stile nutzen

Wenn Sie das Look & Feel des Themes anpassen möchten, so kann es ausreichen, wenn Sie Anpassungen im Bereich Stile vornehmen (siehe Abbildung 4.2). Dazu können Sie zum einen »vorgefertigte« Stile aktivieren (Stile durchstöbern), zum anderen können Sie aber auch gezielt die Typografie, Farben oder das Layout anpassen. Auch das Anpassen einzelner Blöcke ist möglich.

Der Bereich der Stile unterteilt sich in mehrere Bereiche, die im Folgenden näher beschrieben werden:

1. Stile durchstöbern
2. Typografie
3. Farben
4. Layout
5. Blöcke

Abbildung 4.2: Stile bearbeiten

Stile durchstöbern

Wenn Sie den Stil Ihres Designs nicht von Grund auf selbst gestalten möchten, können Sie auf eine vorgefertigte Stilkombination zurückgreifen. Das Standardtheme »Twenty Twenty-Three« bietet elf verschiedene vorgefertigte Kombinationen an.

Abbildung 4.3: Stile durchstöbern

135

Typografie

Im Bereich TYPOGRAFIE können Texte, Linktexte, Überschriften und
Buttons gestaltet werden.

Dabei können jeweils die folgenden Eigenschaften angepasst werden:

- Schriftfamilie
- Größe
- Zeilenhöhe (line-height)
- Design (font-weight)

Abbildung 4.4: Typografie anpassen

Farben

Im Bereich FARBEN kann man
zwischen verschiedenen Paletten
wählen und/oder die Farbe für
einzelne Elemente (Hintergrund,
Text, Links, Überschriften, Buttons) festlegen.

Abbildung 4.5: Farben festlegen

Layout

Im Bereich Layout können Sie die Breite und die Innenabstände des Hauptinhaltsbereichs festlegen.

Abbildung 4.6: Innenabstände für das Layout festlegen

Blöcke

Der Bereich Blöcke gibt Ihnen die Möglichkeit, sämtliche Blöcke global anzupassen. Sie könnten hier also festlegen, dass Überschriften grundsätzlich in einer bestimmten Farbe dargestellt werden sollen. Diese Anpassungen müssten Sie dann nicht bei jedem Überschriften-Block einzeln vornehmen.

Die Anpassungsmöglichkeiten variieren hierbei je nachdem, welchen Block Sie bearbeiten.

Abbildung 4.7: Blöcke anpassen

4.1.2 Templates bearbeiten

Wenn Sie nicht nur den Stil Ihrer Website anpassen möchten, sondern ganze Templates, geht auch das mit dem Full Site Editing. Eine WordPress-Installation nutzt verschiedene Templates, die Sie bearbeiten können. Genauso ist es möglich, eigene, neue Templates zu erstellen oder nur einzelne Template-Teile zu bearbeiten.

Template

Ein Template ist eine Liste von Blöcken, die eine bestimmte Struktur für einen bestimmten Beitragstyp/eine bestimmte Archivseite usw. beschreiben. Sie hilft Ihnen, Ihre Website zu organisieren. Außerdem sparen Sie damit viel Zeit, wenn Sie globale Anpassungen vornehmen müssen.

Die Verwendung von dynamischen Blöcken bei Templates ist ein großer Vorteil, da die Website dynamisch mit geeigneten Daten entsprechend der aktuellen Seite/dem aktuellen Beitrag angezeigt wird.

Sie gelangen in den Template-Editor, wenn Sie im Backend den Menüpunkt DESIGN|EDITOR aufrufen oder im Frontend den Link WEBSITE BEARBEITEN anklicken (Abbildung 4.8).

Abbildung 4.8: Website bearbeiten

Im Editor können Sie die zur Verfügung stehenden Templates aufrufen, indem Sie auf den Button NAVIGATION UMSCHALTEN klicken, der sich hinter dem WordPress-Symbol oben links verbirgt (Abbildung 4.9).

Abbildung 4.9: Navigation umschalten, um zum Editor zu gelangen

Templates

Von hier aus können Sie dann eine Liste der Templates oder der Template-Teile aufrufen.

Abbildung 4.10: Sie können Templates oder Template-Teile bearbeiten.

Zur Verfügung stehen Ihnen beim Standard-Theme Twenty Twenty-Three dabei die folgenden Templates:

- Leer
- Startseite
- Index
- Archiv
- Blog
- 404
- Seite
- Einzelner Beitrag
- Suche

Welches Template ein Beitrag oder eine Seite nutzt, kann ausgewählt werden. So können Sie zum Beispiel bei der Nutzung des Themes Twenty Twenty-Two bei einem Beitrag wählen, ob er das Template »Standard« (Einzelbeitrag) oder »Einzelner Beitrag (ohne Trennzeichen)« oder auch »Leer« nutzen soll.

Abbildung 4.11: Auswahl des Templates für einen Beitrag

Je nachdem, welches Template Sie wählen, unterscheiden sich die Ansichten im Frontend deutlich voneinander.

WordPress 6.x   Beispiel-Seite

Hallo Welt!

Willkommen bei WordPress. Dies ist dein erster Beitrag. Bearbeite oder lösche ihn und beginne mit dem Schreiben!

Juli 27, 2022   bonfranchi   Allgemein

Abbildung 4.12: Beitrag mit Standard-Template

WordPress 6.x   Beispiel-Seite

Hallo Welt!

Willkommen bei WordPress. Dies ist dein erster Beitrag. Bearbeite oder lösche ihn
und beginne mit dem Schreiben!

Juli 27, 2022   bonfranchi   Allgemein

Abbildung 4.13: Beitrag mit dem Template »Einzelner Beitrag (ohne Trennzeichen)«

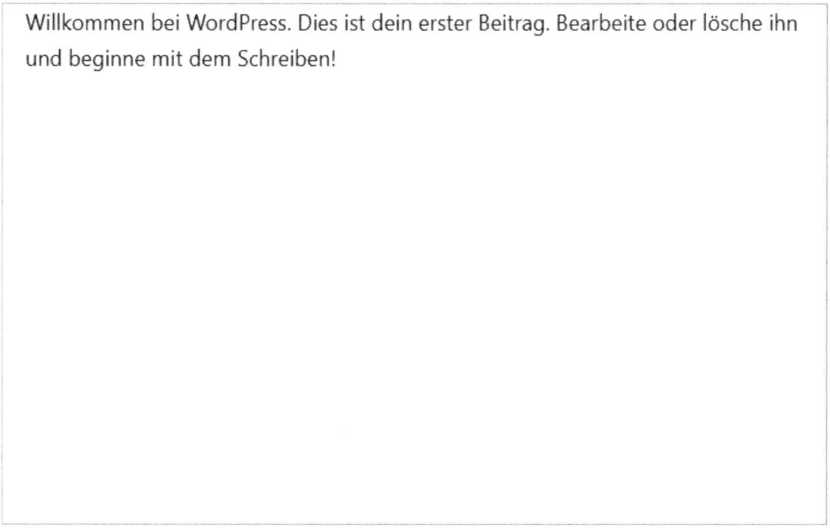

Willkommen bei WordPress. Dies ist dein erster Beitrag. Bearbeite oder lösche ihn
und beginne mit dem Schreiben!

Abbildung 4.14: Beitrag mit leerem Template

Um ein bestehendes Template zu bearbeiten, können Sie es aus der Übersicht
heraus aufrufen. Das Template kann dann mit zusätzlichen Blöcken versehen

werden. Es können aber auch vorhandene Blöcke angepasst oder gelöscht werden.

Wenn Sie ein Template bearbeitet haben, erkennen Sie das in der Übersicht daran, dass das Icon einen kleinen Punkt anzeigt (Abbildung 4.15). Rechts davon haben Sie zudem einen Button bzw. ein Icon ⋮, mit dem Sie das jeweilige Template wieder in seinen Originalzustand zurückversetzen können.

Abbildung 4.15: Bearbeitetes Template in der Übersicht

Neues Template erstellen

Wenn Sie ein neues Template erstellen möchten, klicken Sie auf den Button Hinzufügen. Nun können Sie auswählen, für welchen Bereich der Seite Ihr Template gelten soll. Zur Auswahl stehen

- Startseite
- Seite
- Autor
- Kategorie
- Datum
- Schlagwort
- Taxonomie (Archivseite)
- Einzelnes Element: Beitrag

Unabhängig davon, welches Template Sie wählen, sollten Sie Ihrem Template einen neuen, aussagekräftigen Namen geben. Danach können Sie es nach Ihren Wünschen gestalten, indem Sie Blöcke platzieren und anpassen.

Sie können dabei zum einen auf die Blöcke zugreifen, die Sie in Kapitel 4 schon kennengelernt haben. Hauptsächlich werden Sie dafür aber Blöcke aus dem Bereich Theme nutzen. Eine Übersicht über die verschiedenen Theme-Blöcke finden Sie in Abschnitt 4.1.3 »Theme-Blöcke für Templates«.

Gleichzeitig können Sie Ihr Template mit Template-Teilen ergänzen (mehr dazu im folgenden Abschnitt). Sie finden die zur Verfügung stehenden Template-Teile im Block-Insert unter dem Abschnitt Theme. Dabei können Sie nicht nur aus vorhandenen Template-Teilen auswählen, sondern auch aus zur Verfügung stehenden Vorlagen.

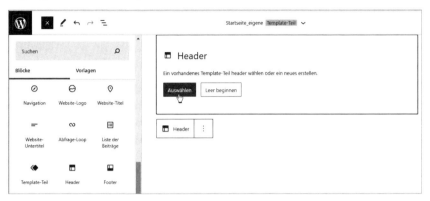

Abbildung 4.16: Einen Header für ein Template auswählen

Alle neu erstellten Templates können dann beim Erstellen von Seiten und Beiträgen ausgewählt und genutzt werden.

Template-Teile erstellen

Template-Teile sind wiederverwendbare Blockvorlagen, die auf der gesamten Website und auch innerhalb von Templates verwendet werden können. Diese Vorlagenteile können eine Menge Zeit und Mühe sparen, wenn sie richtig eingesetzt werden.

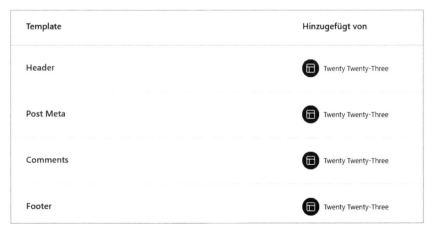

Abbildung 4.17: Template-Teile

Standardmäßig sind die folgenden Template-Teile für das Theme Twenty Twenty-Three verfügbar:

- Header
- Post Meta
- Kommentare
- Footer

Die Template-Teile sind Teile eines Templates. Klassischerweise sind das der Kopf- und der Fußbereich einer Webseite (Header und Footer), denn diese verändern sich nicht, auch wenn sich der Inhalt der Seite ändert. Während man also auf der Startseite einen anderen Inhalt angezeigt bekommt als auf der Impressum-Seite oder der Blog-Seite, sind der Kopf- und Fußbereich dieser Seiten (meist) identisch. Damit Änderungen nicht auf allen Seiten durchgeführt werden müssen, bindet man Template-Teile, in diesem Fall Header und Footer, ein und bearbeitet diese zentral.

Wenn Sie ein neues Template-Teil erstellen möchten, müssen Sie sich zu Beginn entscheiden, ob der Teil allgemein ist oder ob er spezifisch für den Header- oder Footer-Bereich sein soll. Danach können Sie den jeweiligen Bereich frei mit Blöcken gestalten und dann als Teil eines Templates platzieren.

Abbildung 4.18: Template-Teil erstellen

Template-Teile können auch erstellt werden, indem Sie Blöcke in einem Template als Template-Teil festlegen. Somit können Sie auch zuerst ein komplettes Template erstellen und dann erst einzelne Teile als Template-Teile bestimmen, die auf allen Seiten gleich sein sollen.

4.1.3   Theme-Blöcke für Templates

Um Templates auch mit dynamischen Inhalten zu füllen, können Theme-Blöcke eingefügt werden.

Abfrage-Loop

Mithilfe des Blocks »Abfrage-Loop« können Inhalte eines bestimmten Typs (Beiträge, Seiten etc.) ausgegeben werden.

> **Abfrage Loop vs. Neueste Beiträge**
>
> Der Abfrage-Loop-Block eignet sich vorwiegend für Templates. Möchten Sie die letzten Beiträge ausgeben, sollten Sie den Block »Neueste Beiträge« nutzen (siehe Abschnitt 3.7.5 »Neueste Beiträge«).

Abbildung 4.19: Der Block »Abfrage-Loop« stellt Beiträge oder Seiten dar.

Zunächst einmal wird beim Einfügen davon ausgegangen, dass Sie die letzten Beiträge darstellen möchten. Sie können allerdings sowohl ändern, was dargestellt wird, als auch, in welcher Form es dargestellt werden soll. Dafür gibt es zwei Wege: Entweder Sie wählen den Weg, die dargestellte Option anzupassen, dafür klicken Sie auf den Button AUSWÄHLEN, oder Sie nutzen einen leeren Abfrage-Loop, indem Sie auf den Button LEER BEGINNEN klicken.

Im Folgenden werden beide Wege beschrieben.

Auswählen

Wenn Sie den Button AUSWÄHLEN anklicken, können Sie zunächst eine Vorlage auswählen. Diese stellen verschiedene Varianten für die Präsentation des Abfrage-Loops dar.

Abbildung 4.20: Vorlagen für den Abfrage-Loop

Nachdem Sie eine Vorlage ausgewählt haben, wird diese eingefügt und Sie können sie weiter anpassen.

In der Werkzeugleiste haben Sie folgende Optionen (siehe Abbildung 4.21, von links nach rechts):

- Blocktyp oder -stil ändern
- Block ziehen
- Block nach oben und/oder unten verschieben
- Ausrichtung ändern: Weite Breite, Gesamte Breite

- Anzeigeeinstellungen: Hier können Sie auswählen, wie viele Beiträge/Seiten dargestellt werden sollen, und auch ein Maximum festlegen. Außerdem können Sie bestimmen, ob dabei nicht mit dem 1. Element, sondern dem x. Element begonnen werden soll (OFFSET).
- Eine andere Vorlage wählen bzw. die derzeit aktive ersetzen
- Listenansicht
- Rasteransicht (in Abbildung 4.21 aktiv)

Abbildung 4.21: Abfrage-Loop anpassen

Die Einstellungen (ganz rechts) bieten noch viel mehr Möglichkeiten.

- Layout: Standard-Template erben/übernehmen: ja/nein
- Einstellungen:
  - Abfrage vom Template übernehmen
  - Inhaltstyp auswählen
  - Anzahl der Spalten (nur für die Rasteransicht)

- Reihenfolge (nach Alter oder alphabetisch, auf- oder absteigend)
- Oben gehaltene Beiträge ein- oder ausschließen (Beiträge, die Sie auf der Startseite oben halten)
- Filter können nach den folgenden Kriterien erstellt werden:
  - Kategorien
  - Autoren
  - Stichwort
- Farbe: Text- und Hintergrundfarbe können frei gewählt werden.

Zusätzlich zu diesen Einstellungen, die den Eltern-Block »Abfrage-Loop« betreffen, kann jedes einzelne Element noch an die eigenen Erfordernisse angepasst werden.

Für eine bessere Übersicht und das Auswählen eines spezifischen Blocks empfiehlt es sich, die Listenansicht zu öffnen, da Sie dann gut sehen können, welchen Block innerhalb des Abfrage-Loop-Blocks Sie gerade bearbeiten.

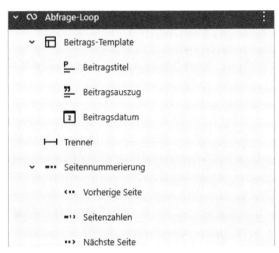

Abbildung 4.22: Kind-Blöcke eines Abfrage-Loop-Blocks

Beitrags-Template

Der Block »Beitrags-Template« kann zwar eigene CSS-Klassen zugewiesen bekommen, dient aber nur als Container und wird hier nicht weiter beschrieben oder als »Kind« gewertet.

Sie können für Ihre Darstellung im Abfrage-Loop auch einzelne Kind-Blöcke entfernen. Dies und auch die Einstellungen bei den einzelnen Kind-Blöcken wirkt sich dann auf alle im Loop dargestellten Elemente aus. Auch die Reihenfolge bzw. Anordnung der einzelnen Kind-Blöcke können Sie selbst bestimmen. Es ist zudem möglich, den Container mit weiteren Blöcken wie Text, Bildern, Überschriften zu ergänzen.

Leer beginnen

Wenn Sie mit einem leeren Abfrage-Loop beginnen, müssen Sie zunächst auswählen, welche Elemente enthalten sein sollen.

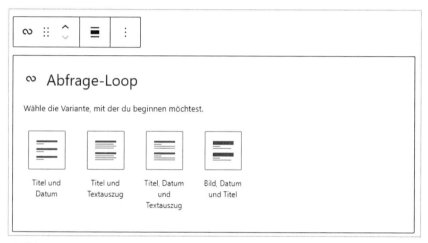

Abbildung 4.23: Leerer Abfrage-Loop

Dabei können Sie zwischen den folgenden Varianten wählen:

- Titel und Datum
- Titel und Textauszug
- Titel, Datum und Textauszug
- Bild, Datum und Titel

Nach dem Einfügen sind Sie auch hier frei darin, einzelne Blöcke neu zu platzieren, zu entfernen oder aber auch welche hinzuzufügen.

Auch die grundsätzlichen Einstellungen des Abfrage-Loops können angepasst werden, wie oben beschrieben.

An-/Abmelden

Mithilfe des Blocks »An-/Abmelden« können Sie die entsprechenden Links zum Ab- und Anmelden auf Ihrer Website einfügen.

Standardmäßig führt der Abmelden-Link den Besucher nach dem Logout zur Startseite. Der Anmelden-Link führt zur Standard-Login-Seite von Word-Press und dann nach erfolgreichem Login zum Dashboard im Backend. Diese Weiterleitungen können in den erweiterten Einstellungen auch ersetzt werden durch eine Weiterleitung auf den aktuellen Beitrag bzw. die aktuelle Seite, auf der das Login oder Logout stattfindet.

Das Login kann auch direkt als Formular eingebunden werden, damit bleibt der Benutzer nach dem Login automatisch beim aktuellen Beitrag bzw. der aktuellen Seite. Es findet also keine Weiterleitung ins Backend statt.

Archiv-Titel

Der Archiv-Titel kann in Templates eingesetzt werden, um den Titel eines Archivs auszugeben. In den Einstellungen können die Bereiche Farbe, Typografie und Größe angepasst werden.

Avatar

Der Block »Avatar« fügt den Avatar eines ausgewählten Benutzers hinzu. Falls Sie keine Angaben zum Benutzer machen, wird der Autor des Beitrags bzw. der Seite verwendet.

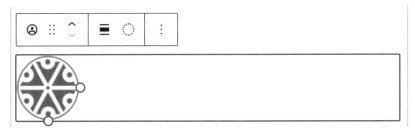

Abbildung 4.24: Avatar-Block

In den Einstellungen kann man die Bildgröße einstellen sowie angeben, ob das Bild zum Benutzerprofil verlinkt werden soll. Außerdem können die Größe des Außenabstands und der Rand-Radius festgelegt werden.

Begriffsbeschreibung

Die Begriffsbeschreibung gibt auf Archivseiten den Text wieder, der bei Kategorien, Schlagwörtern und individuellen Taxonomien als Beschreibung hinterlegt wurde.

Farbe und Typografie können in den Einstellungen angepasst werden.

Beitragsauszug

Der Block »Beitragsauszug« gibt den Auszug des jeweiligen Beitrags aus – wenn vorhanden (vgl. Abschnitt 3.13.8 »Textauszug«). Er ist Teil des Abfrage-Loops und kann in Templates verwendet werden.

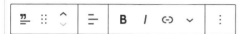

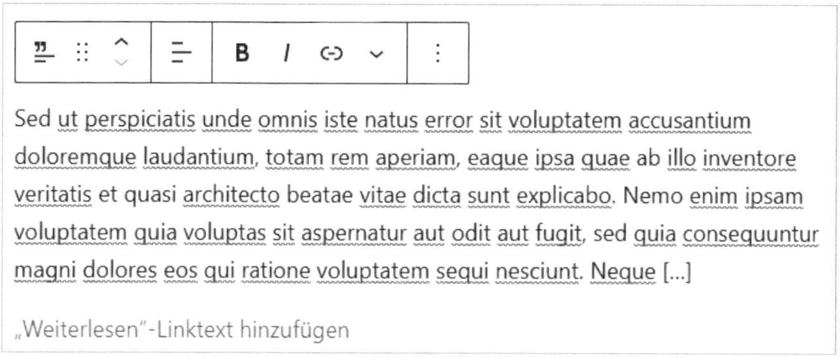

Sed ut perspiciatis unde omnis iste natus error sit voluptatem accusantium doloremque laudantium, totam rem aperiam, eaque ipsa quae ab illo inventore veritatis et quasi architecto beatae vitae dicta sunt explicabo. Nemo enim ipsam voluptatem quia voluptas sit aspernatur aut odit aut fugit, sed quia consequuntur magni dolores eos qui ratione voluptatem sequi nesciunt. Neque [...]

„Weiterlesen"-Linktext hinzufügen

Abbildung 4.25: Beitragsauszug als Block

Sie können den Beitragsauszug wie einen Absatz formatieren, zusätzlich dazu können Sie optional einen Weiterlesen-Linktext hinzufügen.

In den Einstellungen haben Sie die Möglichkeit, Farben, Typografie und Abstände festzulegen. Sie können auswählen, ob der Weiterlesen-Link in einer separaten Zeile angezeigt werden soll.

Beitragsautor

Der Block »Beitragsautor« besteht neben dem eigentlichen Namen des Autors aus mehreren optionalen Elementen. Dazu gehören die Autorenzeile, die selbst verfasst werden kann, der Avatar und biografische Angaben, die im Profil hinterlegt werden können.

Abbildung 4.26: Beitragsautor

Neben der Ausrichtung und der Schriftformatierung kann die Größe des Avatars festgelegt werden und die Avatar-Grafik kann einen Duotone-Effekt zugewiesen bekommen.

In den Einstellungen haben Sie die Möglichkeit, Farben, Typografie und Abstände festzulegen.

Beitragsautor-Biografie

Der Block »Beitragsautor-Biografie« gibt die biografischen Angaben, die im Profil hinterlegt werden können, aus.

Abbildung 4.27: Beitragsautor-Biografie

In den Einstellungen haben Sie die Möglichkeit, Farben, Typografie und Abstände festzulegen.

Beitragsbild

Der Block »Beitragsbild« gibt das Beitragsbild eines Beitrags aus (siehe Abbildung 4.28).

Der Block kann Teil des Abfrage-Loops sein und in Templates verwendet werden. Sie können die Ausrichtung anpassen und einen Duotone-Effekt ergänzen.

In den Einstellungen kann die exakte Größe festgelegt werden. Zudem kann man entscheiden, ob das Bild mit dem jeweiligen Beitrag verlinkt wird.

Abbildung 4.28: Beitragsbild als Block

Beitragsdatum

Der Block »Beitragsdatum« gibt das Veröffentlichungsdatum eines Beitrags an.

Abbildung 4.29: Beitragsdatum als Block

Der Block kann Teil des Abfrage-Loops sein und in Templates verwendet werden. Sie können die Textausrichtung anpassen und das Datum ändern (nicht innerhalb des Loops).

In den Einstellungen haben Sie die Möglichkeit, sowohl die Farben wie auch die Typografie anzupassen. Sie können das Datumsformat ändern und festlegen, ob das Datum mit dem jeweiligen Beitrag verlinkt ist.

Beitragsinhalt

Der Block »Beitragsinhalt« kann Teil eines Abfrage-Loops sein und in Templates eingefügt werden. Es ist lediglich möglich, seine Breite anzupassen.

Beitragskategorien

Mit dem Block »Beitragskategorien« kann die Kategorie ausgegeben werden, die dem jeweiligen Beitrag zugeordnet ist – es können auch mehrere Kategorien sein. Dabei kann die Ausrichtung des Texts festgelegt werden.

Allgemein, Gutenberg-Editor, WordPress

Abbildung 4.30: Block »Beitragskategorien«

In den Einstellungen können Farbe und Typografie der Darstellung angepasst werden.

Beitrags-Kommentare-Formular

Im Block »Beitrags-Kommentare-Formular« wird das Kommentarfeld angezeigt, wenn eine Diskussion zugelassen ist. Dabei kann die Ausrichtung festgelegt werden.

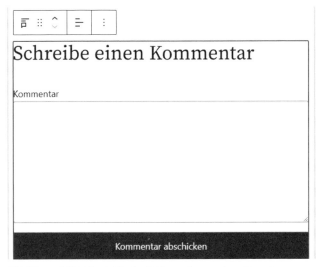

Abbildung 4.31: Block für das Beitrags-Kommentare-Formular

In den Einstellungen können Farbe und Typografie der Darstellung angepasst werden.

Beitrags-Schlagwörter

Mit dem Block »Beitrags-Schlagwörter« können die Schlagwörter ausgegeben werden, die dem jeweiligen Beitrag zugeordnet sind. Dabei kann die Ausrichtung festgelegt werden.

In den Einstellungen können Farbe und Typografie der Darstellung angepasst werden.

Beitragstitel

Mit dem Block »Beitragstitel« wird der Titel des jeweiligen Beitrags ausgegeben. Der Block kann Teil des Abfrage-Loops sein und in Templates verwendet werden.

Abbildung 4.32: Beitragstitel als Block

Beim Einfügen eines Beitragstitel-Blocks können Sie die Ausrichtung, den Platz in der Überschrifthierarchie sowie die Textausrichtung festlegen.

In den Einstellungen haben Sie die Möglichkeit, Farbe, Typografie und Abstände festzulegen. Sie können außerdem festlegen, ob der Titel mit dem jeweiligen Beitrag verlinkt ist.

Kommentar-Abfrageschleife

Mit dem Block »Kommentar-Abfrageschleife« können die Kommentare angezeigt werden, die dem jeweiligen Beitrag zugeordnet sind. Gleichzeitig wird auch das Kommentarfeld angezeigt, wenn eine Diskussion zugelassen ist. Dabei kann die Ausrichtung festgelegt werden (siehe Abbildung 4.33).

In den Einstellungen können Farbe und Typografie der Darstellung angepasst werden (siehe Abbildung 4.34).

Abbildung 4.33: Beitrags-Kommentare-Loop

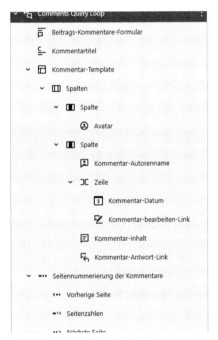

Abbildung 4.34: Liste der Standard-Kind-Blöcke im Beitrags-Kommentare-Loop

Der Eltern-Block beinhaltet standardmäßig relativ viele Kind-Blöcke, wobei nicht alle davon auch als selbstständige Blöcke zur Verfügung stehen. Alle Kind-Blöcke können aber verschoben oder entfernt werden.

Liste der Beiträge

Der Block »Liste der Beiträge« ähnelt sehr dem Abfrage-Loop, Sie haben jedoch weniger Einstellungsmöglichkeiten.

Nächster Beitrag

Mit dem Block »Nächster Beitrag« binden Sie einen Link zum nächsten Beitrag ein. Diesem können Sie ein individuelles Label zuweisen, die Ausrichtung festlegen und die Schrift formatieren.

Abbildung 4.35: Block »Nächster Beitrag«

In den Einstellungen können Sie neben einigen Einstellungen zur Typografie bestimmen, dass zusätzlich zum Label auch der Titel des nächsten Beitrags angezeigt wird und ob das Label auch verlinkt werden soll. Haben Sie kein eigenes Label erstellt, wird nur der verlinkte Titel angezeigt.

Navigation

Mit dem Block »Navigation«, der vorzugsweise in Template-Dateien eingesetzt werden sollte, können Sie eine Navigation einbinden.

Abbildung 4.36: Leerer Navigations-Block

Der Navigations-Block bietet Ihnen vielfältige Möglichkeiten, Menüs zu strukturieren und zu präsentieren. Zunächst einmal können Sie auswählen, ob Sie alle Seiten automatisch hinzufügen möchten oder ob Sie leer beginnen.

Für das Menü kann zudem die Ausrichtung festgelegt werden.

Das Menü kann dann mit einer Seitenliste oder einzelnen Seitenlinks gefüllt werden. Sie können zudem eigene Links, Social Icons, das Website-Logo und eine Suche hinzufügen.

Abbildung 4.37: Navigation im Frontend

Gestalterisch haben Sie die Möglichkeit, Abstände festzulegen, die Ausrichtung von horizontal zu vertikal zu ändern oder umgekehrt, außerdem können Sie das Umbrechen auf mehrere Zeilen erlauben oder unterbinden.

Zudem können Sie das Menü als sogenanntes »Burger-Menü« darstellen, entweder immer oder nur in der mobilen Ausgabe Ihrer Website. Auch das Verhalten von Untermenüs kann gesteuert werden. Es gibt die Möglichkeit, vorhandene Untermenüs mit einem Symbol auch kenntlich zu machen und festzulegen, ob sich das Untermenü erst durch einen Klick oder schon beim Mouse-Over öffnet.

Admin-Rechte

Der Navigations-Block kann nur von Administratoren bearbeitet werden.

Vorheriger Beitrag

Mit dem Block »Vorheriger Beitrag« binden Sie einen Link zum vorherigen Beitrag ein. Diesem können Sie ein individuelles Label zuweisen, die Ausrichtung festlegen und die Schrift formatieren.

Abbildung 4.38: Block »Vorheriger Beitrag«

In den Einstellungen können Sie neben einigen Einstellungen zur Typografie bestimmen, dass zusätzlich zum Label auch der Titel des vorherigen Beitrags angezeigt wird und ob das Label auch verlinkt werden soll. Haben Sie kein eigenes Label erstellt, wird nur der verlinkte Titel angezeigt.

Weiterlesen

Mit dem Block »Weiterlesen« kann der Link eines Beitrags, einer Seite oder eines anderen Inhaltstyps angezeigt werden. Er wird vorwiegend im Abfrage-Loop eingesetzt.

Abbildung 4.39: Weiterlesen-Block

In den Einstellungen können Sie neben einigen Optionen zur Farbe, Typografie, Größe und Ränder auch festlegen, ob der Link in einem neuen Tab geöffnet werden soll.

Website-Logo

Mit dem Website-Logo kann eine Grafik eingebunden werden, die Ihre Website repräsentiert. Sobald ein Website-Logo gewählt ist, lässt es sich an verschiedenen Stellen und in Templates verwenden. Ändert man das Website-Logo, wird die Änderung an allen Stellen, an denen es eingebunden ist, aktiv.

Abbildung 4.40: Block für das Website-Logo

Die Grafik kann als abgerundete Grafik eingefügt werden und auch die Breite können Sie festlegen. Außerdem können Sie entscheiden, ob die Grafik mit der Startseite der Website verlinkt sein soll und ob sich dieser Link in einem neuen Fenster öffnet. Die Grafik kann auch gleichzeitig als Favicon verwendet werden, sodass es von Browsern in den Tabs und den Lesezeichen angezeigt wird.

Website-Titel

Den Website-Titel, den man in den ALLGEMEINEN EINSTELLUNGEN findet und anpassen kann, kann man auch als Block einfügen.

Abbildung 4.41: Block für den Website-Titel

Eine inhaltliche Änderung in diesem Block bewirkt gleichzeitig eine globale Änderung des Seitentitels. Es wirkt sich allerdings nicht global aus, wenn man hier die Ausrichtung des Textes anpasst oder den Titel als Überschrift formatiert.

In den Einstellungen können sowohl Farbe, Typografie und Abstände angepasst werden. Der Seitentitel ist automatisch mit der Startseite der Website verlinkt, dies kann aber deaktiviert werden. Auch das Öffnen in einem neuen Tab ist möglich.

Website-Untertitel

Den Website-Untertitel, den man in den ALLGEMEINEN EINSTELLUNGEN findet, kann man auch als Block einfügen. Hierbei beschreiben Sie in wenigen Worten, worum es auf der Website geht.

Abbildung 4.42: Block für den Website-Untertitel

Wichtig

Inhaltliche Änderung in den Blöcken Website-Logo, -Titel und -Untertitel bewirkt gleichzeitig eine globale Änderung. Design-Anpassungen wirken sich nur auf die Darstellung im konkreten Block aus.

4.1.4 Theme exportieren

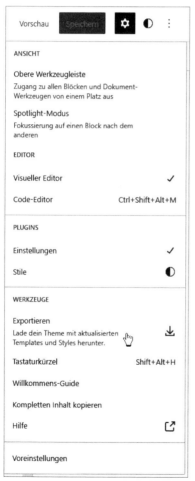

Alle Themes können mit ihren Anpassungen im Editor unter dem Stichwort Werkzeuge exportiert werden (Abbildung 4.43). So kann man ein Theme in einer WordPress-Installation anpassen und dann in einer anderen importieren bzw. installieren.

Abbildung 4.43: Theme exportieren

4.2 Full Site Editing – ein praktisches Beispiel

Im Folgenden möchten wir Sie mitnehmen bei der Umgestaltung einer Website mithilfe des Full Site Editing. Die Ausgangslage ist eine Standard-Word-Press-Installation mit dem aktiven Theme Twenty Twenty-Two.

Abbildung 4.44: Das WordPress-Standard-Theme Twenty Twenty-Two

Ziel ist es, eine Startseite zu gestalten, die die folgenden Bereiche bzw. Inhalte enthält:

- Header mit Logo, Menü und Social Media Links
- Inhaltsbereich
- Einleitender Text
- Kontaktformular
- Bildergalerie mit Kunden-Logos
- Footer mit Copyright-Hinweis und Menü

Zudem soll es noch eine Vorlage für Beiträge geben, in denen Kunden vorgestellt werden. Die Beiträge sind verlinkt mit den Bildern der Galerie auf der Startseite.

Eine grobe Skizze zeigt, wie es aussehen soll.

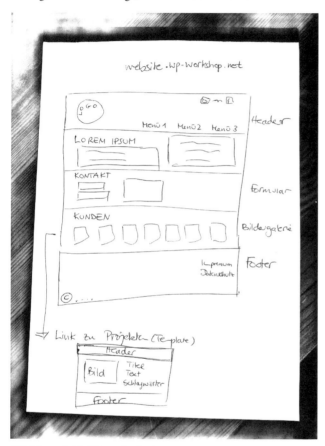

Abbildung 4.45: Skizze des Designs

4.2.1 Template-Teil: Header

Zunächst einmal beginnen wir damit, einen Header zu erstellen. Im Full-Site-Editing-Editor fügen wir also ein Template-Teil mit dem Namen »Website-Header« hinzu.

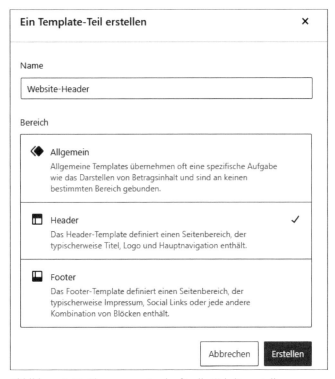

Abbildung 4.46: Einen neuen Header für die Website erstellen

In den Header haben wir die folgenden Blöcke eingefügt:

- Gruppe: Die Farben für Text und Links haben wir angepasst.
  - Eine Zeile mit Social Icons (rechtsbündig)
  - Darunter eine Zeile mit dem Logo und einer Navigation: Die Anordnung ist »Abstand zwischen den Elementen«. So verteilt sich das Logo links und die Navigation rechts.
  - Anschließend eine Trennlinie über die gesamte Breite

Abbildung 4.47: Listenansicht für den Header

4.2.2 Template-Teil: Footer

Als Nächstes kümmern wir uns um den Footer. Dafür erstellen wir das Template-Teil »Website-Footer«.

Als Grundlage für den Footer erstellen wir ein dreispaltiges Layout. Alle Spalten sind nach unten ausgerichtet. Sie sind Teil einer Gruppe, die einen farbigen Hintergrund hat.

Die erste Spalte enthält nur einen Text-Block mit einem Hinweis auf das Copyright. In der Mitte ist ein Zitat-Block platziert. In der dritten Spalte ist eine Navigation mit zwei Links platziert.

Impressum & Datenschutzerklärung

Platzieren Sie die Links zum Impressum und zum Datenschutz immer gut sichtbar und leicht erreichbar (ohne zusätzlich notwendigen Klick) auf Ihrer Seite. Ein Platz im Footer ist eine gute Wahl, da dieser auf allen Seiten angezeigt wird.

Abbildung 4.48: Listenansicht der Blöcke im Footer

4.2.3   Startseiten-Template

Für die weitere Gestaltung wählen wir Template »Startseite«.

Template für die Startseite

Wenn Sie ein Template für die Startseite erstellen, benötigen Sie keine Seite, der Sie das Template zuweisen. Es greift automatisch auf die Startseite zu.

Bevor wir uns um den Inhaltsbereich der Seite kümmern, fügen wir bereits erstellten Template-Teile für den Header und Footer ein. Das hat den Vorteil, dass wir uns jetzt schon im Frontend anschauen können, wie alles aussieht. Außerdem ist es auch möglich, hier im Template Anpassungen an den einzelnen (eingebundenen) Template-Teilen vorzunehmen. Eine visuelle Hervorhebung zeigt an, welcher Teil gerade bearbeitet wird.

Template-Teile bearbeiten

Auch im Template selbst können Sie die Template-Teile anpassen bzw. bearbeiten. Sie müssen dafür nicht das einzelne Template-Teil aufrufen.

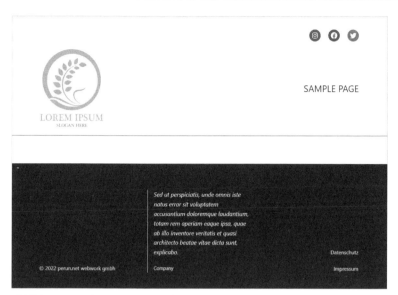

Abbildung 4.49: Startseite mit Header- und Footer-Bereich

Als Nächstes geht es darum, den Inhaltsteil festzulegen. Dieser wiederum besteht aus drei verschiedenen Teilen:

1. Im obersten Teil soll es einen Text zur Begrüßung der Besucher geben. Den Text selbst werden wir im Template festlegen.

2. Im zweiten Bereich soll es ein Kontaktformular geben. Das haben wir mit dem Plugin Contact Form 7 erstellt (siehe Abschnitt 5.2.5 »Contact Form 7: Einfaches Kontaktformular, in dem mehr steckt«).

3. Im dritten Abschnitt gibt es eine Galerie mit Bildern. Diese Bilder führen zu einem Einzelbeitrag. Das Template dafür werden wir im nächsten Schritt anpassen.

Damit die Teile voneinander abgrenzbar sind, erstellen wir zunächst drei Gruppen. In diese fügen wir die jeweiligen Blöcke des Abschnitts ein.

Der oberste Abschnitt enthält eine Überschrift und dann zwei Spalten, die jeweils mit Text, also Absätzen, gefüllt sind.

Darunter platzieren wir einen farbigen Bereich, indem wir der Gruppe eine Hintergrundfarbe zuweisen. Hier kommen wieder eine Überschrift und das erstellte Kontaktformular hinein.

In die dritte Gruppe fügen wir eine Galerie ein. Die einzelnen Bilder wiederum sollen zu Einzelbeiträgen verlinkt werden. Das Template dafür erstellen wir im nächsten Schritt.

Die Startseite sieht nun so aus wie Abbildung 4.50.

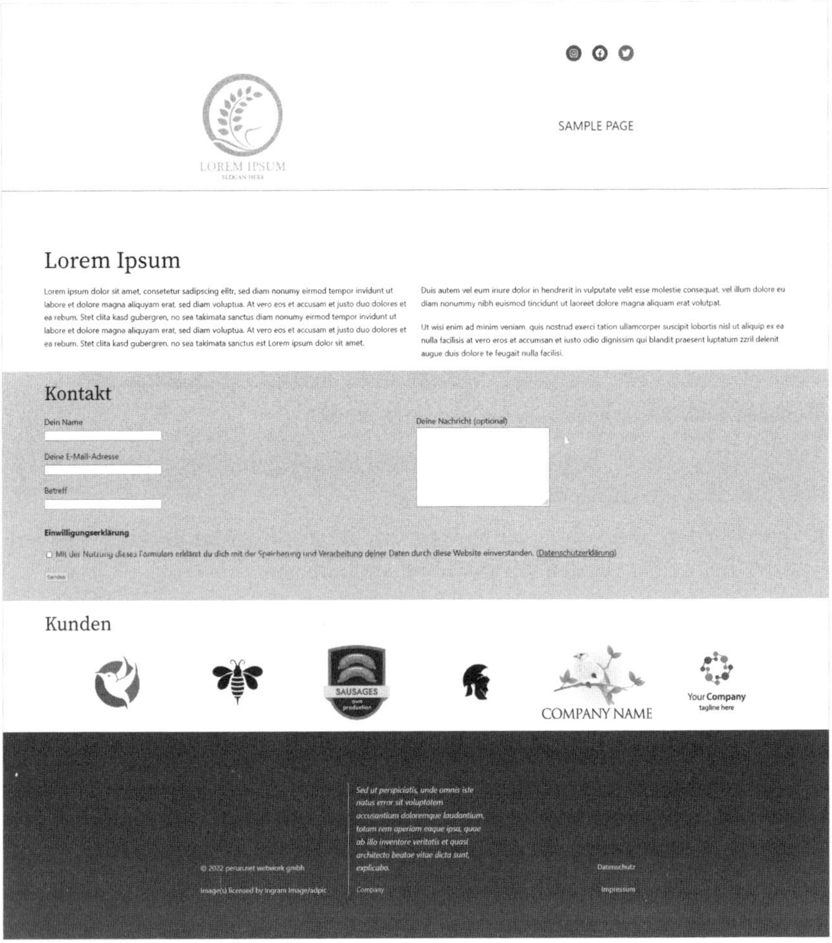

Abbildung 4.50: Die Website ist bald fertig.

Die Listenansicht der Blöcke zeigt die Struktur des Templates.

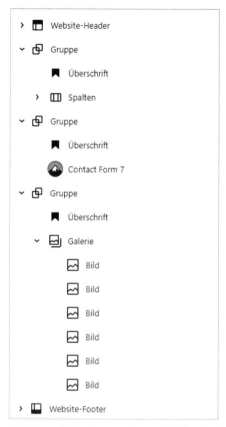

Abbildung 4.51: Listenansicht der Blöcke der Startseite

Im Headerbereich gibt es bis jetzt nur einen Link zur »Sample Page«. Das soll noch geändert werden, damit Benutzer auch direkt zu den verschiedenen Bereichen (Kontakt und Kunden) auf der Startseite gelangen können, ohne dass sie scrollen müssen. Dafür ergänzen wir die Überschriften der Abschnitte mit einer entsprechenden ID.

Im Quellcode werden die HTML-Anker als ID eingefügt:

```
<h3 id="kontakt">Kontakt</h3>
```

HTML-Anker

Sie finden eine ausführliche Beschreibung und Anleitung über das Einfügen von HTML-Ankern in Abschnitt 6.4.5 »HTML-Anker – Bestimmte Textstellen anspringen«.

Auch in der Listensicht werden die IDs angezeigt.

Im Header ergänzen wir also den Navigations-Block, sodass man nun im Frontend zu den Bereichen Kontakt und Kunden »springen« kann. Uns hat außerdem die Position des Logos im Header nicht zugesagt. Wir haben deshalb die Option STANDARD-LAYOUT ERBEN in den erweiterten Einstellungen deaktiviert.

Abbildung 4.52: Die HTML-Anker werden in der Listenansicht angezeigt.

Abbildung 4.53: Optimierter Headerbereich

Im nächsten Schritt soll es darum gehen, das Einzelbeitrags-Template anzupassen. Hier sollen die Kunden vorgestellt werden, deren Logos auf der Startseite präsentiert werden.

4.2.4 Einzelbeitrags-Template anpassen

Der Einzelbeitrag beinhaltet standardmäßig die folgenden Elemente:

- Standard-Header
- Beitragstitel
- Beitragsbild
- Trenner
- Beitragsinhalt
- Trenner
- Beitragskommentare
- Standard-Footer

Ergänzt werden die Blöcke noch durch mehrere Abstandshalter.

Abbildung 4.54: Standard-Ansicht des Einzelbeitrags

Zunächst haben wir sowohl den Header als auch den Footer durch die bereits erstellten Varianten ersetzt. Dafür wählt man den entsprechenden Bereich aus und klickt auf den Button ERSETZEN. Nun kann man das Template-Teil durch ein anderes ersetzen.

Abbildung 4.55: Der Standard-Header wird durch ein anderes Template-Teil ersetzt.

Als Nächstes haben wir den Kommentar-Bereich komplett entfernt, indem wir die entsprechenden Blöcke gelöscht haben. Die Unterseiten sollen keine Kommentarfunktion beinhalten, da es hier nur um die Darstellung bzw. Präsentation von Kunden geht.

Die Zeile mit den Beitragsinfos (Datum, Autor, Kategorie, Schlagwort) entfernen wir. Es soll nur die Kategorie hinter dem Wort »Branche« ausgegeben werden.

Über dem Inhalt ersetzen wir den Beitragtitel und das Beitragsbild durch ein Cover. Hier legen wir fest, dass als Bild das Beitragsbild angezeigt werden soll. Darauf positionieren wir den Beitragtitel.

Abbildung 4.56: Neu gestaltetes Beitrags-Template

Das neu gestaltete Einzelbeitrags-Template gilt nun für alle Beiträge, die dieses Template zugewiesen bekommen.

4.3   Ein Theme installieren

Wer nicht mit Templates arbeiten möchte, der sollte ein »klassisches« Theme installieren. Im offiziellen Verzeichnis[1] finden Sie Themes, die Sie frei nutzen können.

 Sie können auch FSE-Themes installieren. Diese bieten schon vor-gefertigte Templates, die Sie dann, wie zuvor beschrieben, anpassen können.

Beim Gestalten bzw. Erstellen einer WordPress-Website sollten Sie sich Zeit nehmen, um das passende Theme zu finden. Viele Themes bieten zusätzliche Funktionalitäten, sodass es hilfreich ist, ein Theme zu nehmen, das möglichst viele Ihrer Anforderungen erfüllt. So können Sie später den Einsatz von zu-sätzlichen Plugins minimieren.

Gleichzeitig sollten Sie darauf achten, dass das Theme kontinuierlich gepflegt wird, damit auch in Zukunft eine Kompatibilität zu WordPress gewährleis-tet ist und Sie sichergehen können, dass evtl. auftauchende Sicherheitslücken schnellstmöglich geschlossen werden.

4.3.1   Theme automatisch installieren

Um ein Theme aus dem offiziellen Verzeichnis zu installieren, müssen Sie in den Menüpunkt DESIGN|THEMES wechseln. Dort befindet sich neben den bereits installierten Themes ein Platzhalter für ein neues Theme. Klicken Sie diesen an oder aber auch den Button HINZUFÜGEN, der sich am oberen Fensterrand be-findet.

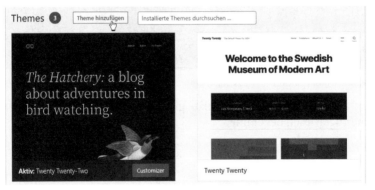

Abbildung 4.57: Ein Theme hinzufügen

1   *https://wordpress.org/themes/*

Im folgenden Fenster finden Sie eine hervorgehobene Auswahl an Themes. Sie können sich aber auch beliebte oder neue Themen ansehen oder nach einem Thema suchen und dabei nach verschiedenen Kriterien auswählen: Stichwort (Begriff), Autor, Schlagwort. Oder Sie können die Themes nach bestimmten Funktionen filtern: Farben, Spalten, Layout, Funktionen, Thema.

Wenn Sie ein passendes Theme gefunden haben, können Sie es sich in der Vorschau ansehen. Hier sehen Sie einige Beispielbeiträge mit unterschiedlicher Formatierung, damit Sie sich ein Bild davon machen können, wie das ausgewählte Thema in der Anwendung aussehen wird.

Wenn Sie ein Theme gefunden haben, das Ihren Anforderungen entspricht, klicken Sie auf den Link JETZT INSTALLIEREN. Nach erfolgreicher Installation müssen Sie das neue Theme nur noch aktivieren.

In der Theme-Verwaltung können Sie dann sehen, dass sich Ihr aktuelles Theme geändert hat. Dahinter sind die verfügbaren Themes aufgelistet, d. h. alle Themes, die Sie installiert, aber nicht aktiviert haben.

Wenn Sie den Mauszeiger über ein installiertes Theme bewegen, können Sie seine Details einsehen. Hier erfahren Sie mehr über die spezifischen Eigenschaften des Themes und können mit den Pfeilen in der oberen linken Ecke bequem durch alle verfügbaren Themen blättern. Sie können die Designs hier auch aktivieren, die Live-Vorschau ansehen oder sie löschen.

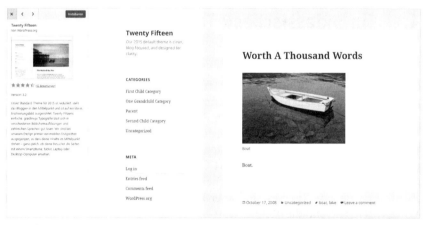

Abbildung 4.58: Live-Vorschau

4.3.2 Theme halbautomatisch oder manuell installieren

Wenn Sie im offiziellen Verzeichnis nichts gefunden haben, was Ihren Vorstellungen entspricht, können Sie sich natürlich auch direkt bei den Theme-Autoren oder in anderen Verzeichnissen umsehen.

Laden Sie in jedem Fall das gewünschte Theme herunter und installieren Sie es halbautomatisch oder manuell – so wie Sie es von Plugins her aus Abschnitt 2.4 kennen: entweder durch Hochladen einer Zip-Datei im Backend (Button THEME HOCHLADEN im Menüpunkt DESIGN|THEMES|INSTALLIEREN) oder durch Hochladen einer entpackten Datei per FTP in den Ordner *wp-content/themes*.

4.3.3 Themes updaten

Das Updaten von Themes erfolgt nach dem gleichen Prinzip wie das Updaten von Plugins. Sowohl das Updaten via Upload sowie das automatische Updaten sind möglich, aber auch hier gelten die gleichen Risiken wie beim automatischen Updaten von Plugins (siehe Abschnitt 5.1.2 »Plugins automatisiert updaten«).

Sie finden die Möglichkeit, einzelne Themes upzudaten, entweder in der Übersicht DASHBOARD|AKTUALISIERUNGEN oder bei jedem Theme einzeln in der Detail-Ansicht.

4.4 Ein »klassisches« Theme anpassen

Auch klassische Themes können individuell angepasst werden. Sie bieten hierfür allerdings andere Möglichkeiten, als dies bei den FSE-Themes der Fall ist.

Zum einen können Sie ein *Child-Theme* erstellen und die Template-Dateien darüber anpassen. Nähere Infos dazu finden Sie in Abschnitt 6.3 »Themes individualisieren«. Zum anderen bieten die meisten Themes selbst eine Fülle von Möglichkeiten, um das Design anzupassen. Das reicht von der Farb- und Schriftauswahl bis hin zur Layoutgestaltung. Oft finden Sie die Anpassungsmöglichkeiten unter dem Menüpunkt CUSTOMIZER. Die Möglichkeiten, die im Customizer geboten werden, unterscheiden sich je nach genutztem Theme. Allen »klassischen« Themes sind aber auch die Möglichkeiten gemein, die Widget-Bereiche und die Menüs selbst zu gestalten.

4.4.1 Widget-Bereiche anpassen

Neben Beiträgen und Seiten sind Widgets ein weiterer Bereich einer Website, der mit verschiedenen Inhalten gefüllt werden kann. Es gibt auch Plugins, die Inhalte in den Widgets ausgeben können. Ein Beispiel hierfür wären Plugins zur Verwaltung von Werbemitteln wie z. B. Bannerwerbung.

Welche und wie viele Bereiche das genau sind, hängt vom verwendeten Theme ab. Häufig finden sich Widget-Bereiche in der Sidebar und in der Fußzeile, manchmal auch im Header.

Sie finden den Widget-Bereich unter dem Menüpunkt DESIGN.

Um nun Inhalte in einem Widget-Bereich zu platzieren, können Sie diese entweder über die aufgelisteten Blöcke im linken Bereich einfügen (dieser Bereich erweitert sich, wenn Sie oben auf das +-Symbol klicken) oder Sie klicken direkt im Widget-Bereich auf das +-Symbol und treffen dort eine Auswahl.

Abbildung 4.59: Widget-Bereich des Themes Twenty Twenty

Wenn Sie einen Block direkt auswählen möchten, können Sie dies auch mit einem vorangestellten Schrägstrich im Textfeld tun. Hier bekommen Sie dann eine kontextsensitive Auswahl angezeigt.

Die Blöcke, die Ihnen hier zur Verfügung stehen, sind identisch mit den Blöcken zum Erstellen von Beiträgen und Seiten und auch das Einfügen unterscheidet sich nicht.

Blöcke, die Sie derzeit nicht benötigen, aber nicht löschen möchten, können in den Bereich INAKTIVE WIDGETS verschoben werden. Hier bleiben alle Einstellungen und Inhalte erhalten, sodass Sie sie bei Bedarf wieder in einen aktiven Widget-Bereich verschieben können.

4.4.2 Menüs

Im Bereich DESIGN|MENÜS haben Sie die Möglichkeit, ein individuelles Menü zu erstellen, das das Standardmenü in der Hauptnavigation ersetzt. Dafür sind nur wenige Schritte notwendig:

1. Geben Sie Ihrem neuen Menü einen Namen und klicken Sie auf den Button MENÜ ERSTELLEN. Sie können auch mehrere unterschiedliche Menüs erstellen.

2. Nun können Sie das Menü mit Seiten, Beiträgen, individuellen Links und Kategorien bestücken.

3. Danach haben Sie die Möglichkeit, per Klicken und Ziehen die einzelnen Menüpunkte zu positionieren und bei Bedarf zu verschachteln.

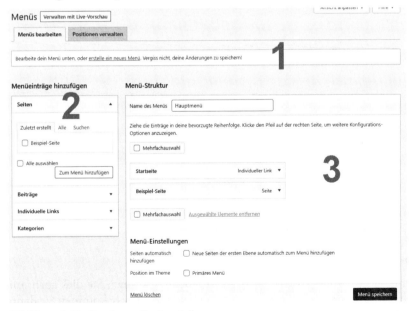

Abbildung 4.60: Ein eigenes Menü erstellen

Vergessen Sie nicht, dem neuen Menü unter der Überschrift MENÜ-EINSTELLUN-GEN eine Position im Theme zuzuweisen. Ein Menü kann auch an mehreren Positionen erscheinen. Wenn Sie es keiner Position zuweisen, können Sie es trotzdem als Widget nutzen.

Sie können dem Menü nur Seiten oder Beiträge hinzufügen, die Sie bereits veröffentlicht haben. Wenn Sie vor der Erstellung von Seiten ein Menü anlegen möchten, können Sie dies über den Customizer tun.

Die einzelnen Menüpunkte bieten verschiedene Möglichkeiten (Abbildung 4.61). Zum einen können Sie den angezeigten Namen/Text anpassen, da dieser nicht mit dem Titel der Seite übereinstimmen muss. Zur besseren Orientierung bekommen Sie hier aber trotzdem den Originalnamen angezeigt. Gerade bei langen Titeln empfiehlt es sich, eine »Kurzform« für das Menü zu wählen. Gleichzeitig können Sie hier den Menüpunkt verschieben, was aber auch durch Klicken & Ziehen mit der Maus funktioniert. Das Entfernen eines Menüpunkts erfolgt über den entsprechenden Link.

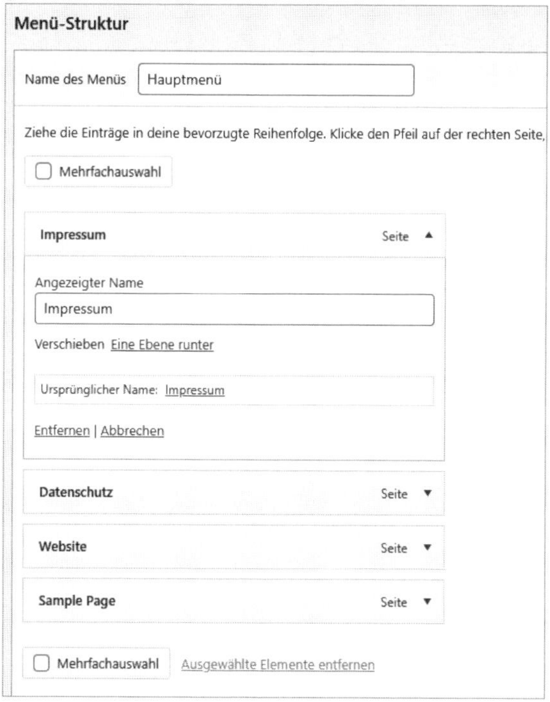

Abbildung 4.61: Menü-Einträge bearbeiten

Wenn Sie mehrere Menüpunkte löschen wollen und ein umfangreiches Menü haben, hilft Ihnen die Aktivierung der Option MEHRFACHAUSWAHL. Damit können Sie mehrere Menüpunkte auswählen und mit einem Klick löschen.

Wenn Sie Ihren Menüpunkten weitere Informationen hinzufügen möchten, können Sie die ERWEITERTEN MENÜEIGENSCHAFTEN anzeigen und die folgenden Optionen aktivieren:

- Linkziel – Soll der Link in einem neuen Fenster geöffnet werden?
- HTML-Attribut title (optional) – wird angezeigt, wenn man mit der Maus darüber fährt, und ist bei Suchmaschinen beliebt.
- CSS-Klassen – ermöglicht die Ausrichtung über CSS
- Link-Beziehungen (XFN) – ermöglicht die Anzeige der persönlichen Beziehung
- Beschreibung – wird zusätzlich zum Namen angezeigt, wenn das Theme dies zulässt

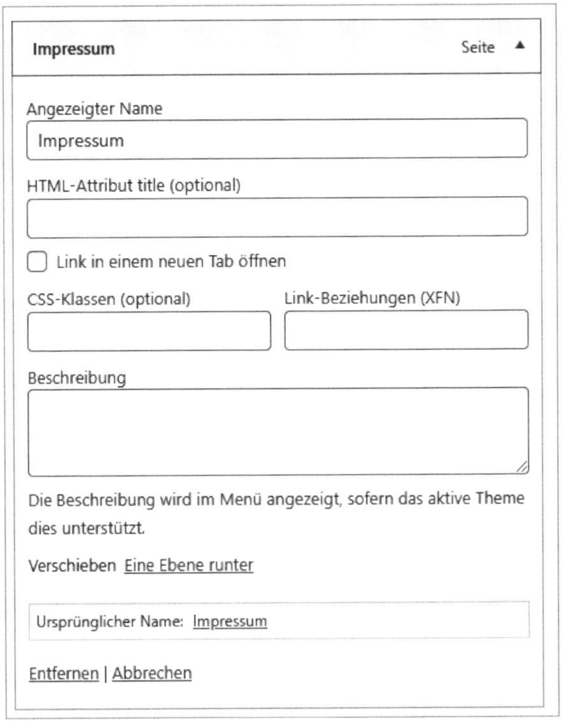

Abbildung 4.62: Erweiterte Menüeigenschaften

Nachdem Sie ein Menü erstellt und gespeichert haben, erscheint im oberen Bereich ein zusätzlicher Reiter namens Positionen verwalten. Wenn Sie diesen öffnen, haben Sie die Möglichkeit, alle Menüs im Theme an den Stellen zu positionieren, die die Autoren des jeweiligen Themes vorgesehen haben.

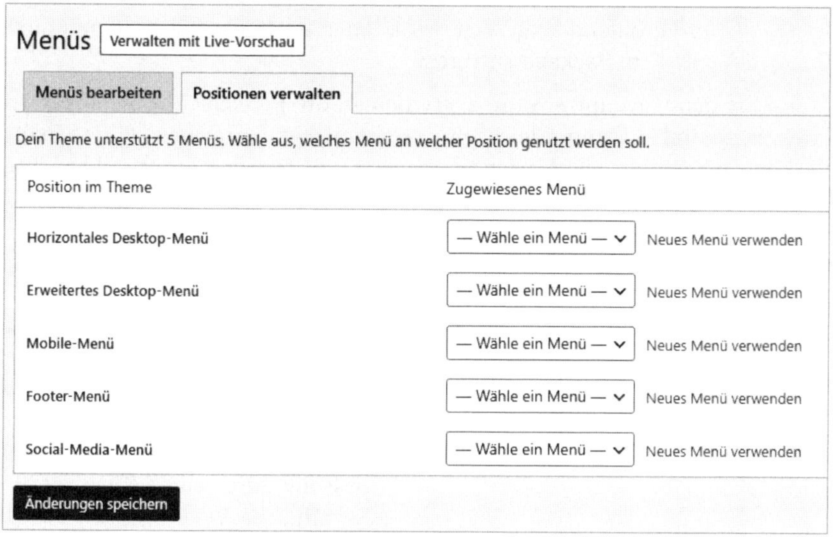

Menüs | Verwalten mit Live-Vorschau

| Menüs bearbeiten | Positionen verwalten |

Dein Theme unterstützt 5 Menüs. Wähle aus, welches Menü an welcher Position genutzt werden soll.

Position im Theme	Zugewiesenes Menü	
Horizontales Desktop-Menü	— Wähle ein Menü — ⌄	Neues Menü verwenden
Erweitertes Desktop-Menü	— Wähle ein Menü — ⌄	Neues Menü verwenden
Mobile-Menü	— Wähle ein Menü — ⌄	Neues Menü verwenden
Footer-Menü	— Wähle ein Menü — ⌄	Neues Menü verwenden
Social-Media-Menü	— Wähle ein Menü — ⌄	Neues Menü verwenden

Änderungen speichern

Abbildung 4.63: Menüpositionen

Sie können die Menüs auch im unteren Teil der Registerkarte Menüs bearbeiten positionieren, indem Sie die entsprechende Option aktivieren. Hier können Sie auch festlegen, ob neu erstellte Seiten automatisch in das Menü aufgenommen werden sollen.

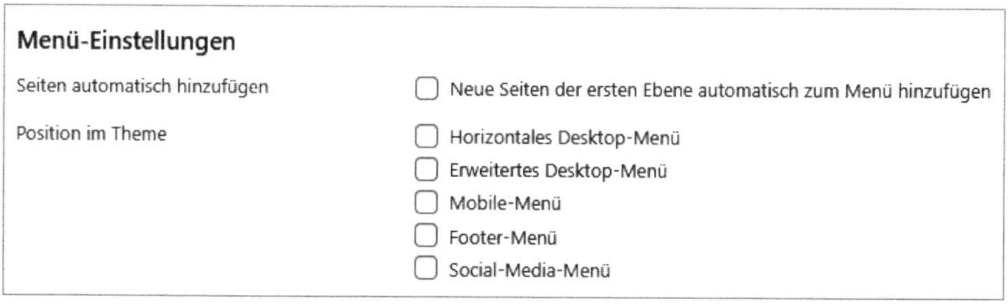

Menü-Einstellungen

Seiten automatisch hinzufügen	☐ Neue Seiten der ersten Ebene automatisch zum Menü hinzufügen
Position im Theme	☐ Horizontales Desktop-Menü
	☐ Erweitertes Desktop-Menü
	☐ Mobile-Menü
	☐ Footer-Menü
	☐ Social-Media-Menü

Abbildung 4.64: Menü-Einstellungen

4.4.3 Customizer

Mithilfe des Customizers (to customize [engl.] = anpassen) können Sie die meisten Anpassungen das Aussehen betreffend im Frontend vornehmen.

Sie können den Customizer über den Link Customizer in der Verwaltungsleiste, die im Frontend angezeigt wird, oder auch über den Menüpunkt Design|Customizer im Backend aufrufen.

Wenn Sie den Customizer öffnen, erscheinen die Bereiche, die Sie anpassen können, am linken Rand. Gleichzeitig erscheinen in der rechten Hälfte Schaltflächen, die das aktuelle Design überlagern und anzeigen, welche Elemente angepasst werden können.

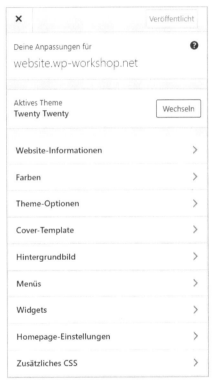

Sie können die Anpassungen entweder durch Klicken auf die entsprechende Schaltfläche oder auf den Menüpunkt vornehmen. Alle Änderungen werden Ihnen live angezeigt. Sie werden jedoch erst dann wirksam, wenn Sie die Anpassung durch einen Klick auf die Schaltfläche Veröffentlichen bestätigen.

Die Möglichkeiten, die der Customizer bietet, sind abhängig vom genutzten Theme.

Abbildung 4.65: Customizer des Standard-Themes Twenty Twenty

In den meisten Fällen können u. a. die folgenden Bereiche/Elemente angepasst werden:

- Aktives Theme
- Website-Informationen
- Menüs
- Widgets
- Homepage-Einstellungen
- Zusätzliches CSS

Aktives Theme

Ganz oben finden Sie die Information, welches Theme Sie gerade verwenden. Mit einem Klick auf den Button UMSCHALTEN erhalten Sie eine Übersicht über alle installierten Themes und können eines dieser Themes auswählen oder eine Live-Vorschau aufrufen.

Sie können hier auch auf das offizielle Theme-Verzeichnis zugreifen, sodass Sie auch neue Themes installieren können.

Website-Informationen

Unter dem Reiter WEBSITE-INFORMATIONEN können Sie ein Logo auswählen und den Titel und Untertitel Ihrer Website anpassen. Sie haben auch die Möglichkeit, ein Website-Icon (Favicon) festzulegen.

Menüs

Der Bereich MENÜS bietet Ihnen grundsätzlich die gleichen Möglichkeiten, die Sie auch im Menüpunkt DESIGN|MENÜS finden. Was diesen Bereich jedoch auszeichnet und auch besonders macht, sind zwei Unterschiede: Zum einen können Sie die Änderungen im Menü direkt sehen, zum anderen haben Sie hier die Möglichkeit, direkt Seiten zu erstellen.

Widgets

Im Bereich WIDGETS können Sie analog zum Menüpunkt DESIGN|WIDGETS auswählen, welche Elemente in den verschiedenen Widget-Bereichen erscheinen sollen, und können vorhandene Inhalte anpassen.

Homepage-Einstellungen

In diesem Bereich können Sie die Startseite Ihrer Website festlegen und dabei entweder eine bestimmte Seite auswählen oder aber eine Beitragsseite, auf der die letzten Blogbeiträge angezeigt werden. Dies entspricht den Lese-Einstellungen (siehe Menüpunkt EINSTELLUNGEN|LESEN), wobei Sie dort auch die Anzahl der gezeigten Blogbeiträge festlegen können, wenn Sie sich für diese Variante entscheiden.

Zusätzliches CSS

Eine wenig bekannte Möglichkeit, kleinere CSS-Anpassungen ohne großen Aufwand für das aktive Theme einzufügen, ist der Weg über den Customizer. Besonders Nutzer, die keine Programmierkenntnisse haben, sind sich oft nicht darüber bewusst, dass es die Möglichkeit gibt, kleinere CSS-Anpassungen auch ohne Child-Theme vorzunehmen.

CSS

Cascading Style Sheets (engl. gestufte Gestaltungsbögen) ist zusammen mit HTML und JavaScript eine der Kernsprachen des World Wide Webs. Mit CSS werden Gestaltungsanweisungen erstellt.

Möchten Sie beispielsweise etwas Grundsätzliches am Design ändern? Sollen zum Beispiel Verlinkungen in einer anderen Farbe erscheinen, als dies vom Theme vorgesehen ist, und das Theme selbst bietet keine Möglichkeit, dies anzupassen, so können Sie dies mit einer Ergänzung des CSS realisieren.

Im üblichen Fall würde man diese Ergänzung im Child-Theme notieren, denn nur hier ist sie sicher davor, bei einem Theme-Update überschrieben zu werden. Grundsätzlich sollte man keine Änderungen an Dateien des Eltern-Themes vornehmen! Denn spätestens beim nächsten Theme-Update sind die Änderungen verloren.

Möchten Sie aber lediglich eine kleine Anpassung machen, lohnt oft der Aufwand nicht, ein Child-Theme zu erstellen. Das ist zwar für einen erfahrenen Entwickler nicht schwierig oder zeitaufwendig, aber für einen Nutzer ohne Programmierkenntnisse ist der Aufwand nicht zu unterschätzen. Und gerade, was das Nutzen-Aufwand-Verhältnis angeht, kann es natürlich auch für einen erfahrenen Entwickler sinnvoll sein, CSS-Ergänzungen im Customizer zu notieren, da es definitiv keine einfachere und damit schneller umzusetzende Methode gibt.

Aber wie funktioniert das nun?

CSS-Code im Customizer einfügen

Den Customizer kann man entweder über das Backend (DESIGN|CUSTOMIZER) oder aber über das Frontend (wenn man eingeloggt ist und die Admin-Tool-Leiste angezeigt wird) öffnen.

In beiden Fällen wird man ins Frontend geleitet und am linken Bildschirmrand öffnet sich der Customizer. Welche Menüpunkte hier erscheinen, ist abhängig vom eingesetzten Theme, aber auch von den genutzten Plugins. Ziemlich weit unten (standardmäßig ganz unten) findet sich der Punkt ZUSÄTZLICHES CSS. Öffnen Sie diesen, erscheint ein Editor, in den Sie Ihr eigenes CSS einfügen können.

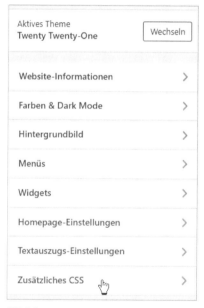

Abbildung 4.66: Der Customizer bietet die Möglichkeit, zusätzliches CSS zu notieren.

Schon während Sie im Customizer Code eingeben, können Sie die Änderungen live beobachten. Um die Angaben dann auch auf der Live-Seite anzuwenden, müssen diese veröffentlicht werden (Abbildung 4.67).

185

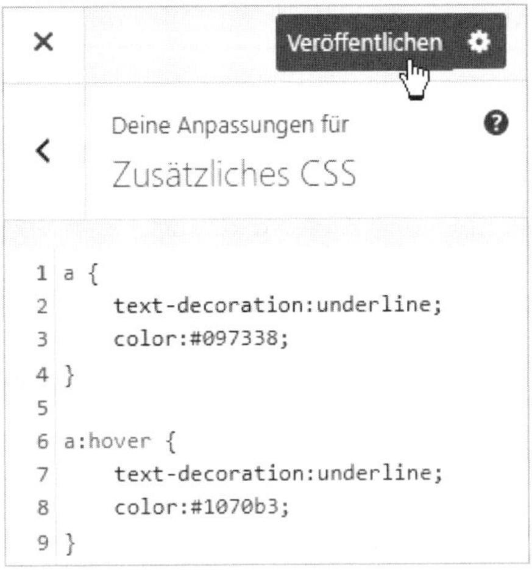

```
1  a {
2      text-decoration:underline;
3      color:#097338;
4  }
5
6  a:hover {
7      text-decoration:underline;
8      color:#1070b3;
9  }
```

Abbildung 4.67: Eigene CSS-Angaben veröffentlichen

Ansicht auf anderen Ausgabegeräten

Wenn Sie wissen möchten, wie Ihre Website auf unterschiedlichen Ausgabe-geräten aussieht, können Sie dies mithilfe der drei kleinen Buttons/Symbole (Desktop, Tablet und Mobile) erfahren, die sich am unteren Rand des Custo-mizers befinden.

Diese Vorschau ersetzt allerdings nicht das Testen auf realen Ausgabegeräten.

Änderungen speichern

Neben der eingangs erwähnten Methode, die Änderungen, die man im Custo-mizer vorgenommen hat, zu veröffentlichen, indem man auf den Button Ver-öffentlichen klickt, der sich am oberen Rand des Customizers befindet, können Sie diese Änderungen auch speichern und anderen zeigen oder aber Ände-rungen für einen bestimmten Zeitpunkt vorsehen. Dafür müssen Sie auf das Zahnrad neben dem Veröffentlichen-Button klicken.

Sie haben also die Möglichkeit, Ihre Änderungen zu speichern, ohne dass die-se in Kraft treten bzw. veröffentlicht werden. Sie erhalten dann einen Link, den Sie z. B. einem Kollegen, Ihrem Kunden oder Ihrem Chef zusenden kön-nen, sodass dieser die Änderungen sehen kann. Wenn Sie zu einem späteren Zeitpunkt den Customizer erneut aufrufen, können Sie die vorgenommenen Änderungen entweder revidieren oder auch veröffentlichen.

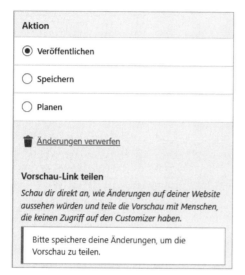

Abbildung 4.68: Customizer-Anpassungen speichern

Zusätzlich zum Speichern der Anpassungen im Customizer hat man auch die Möglichkeit, Änderungen erst zu einem bestimmten Zeitpunkt zu veröffentlichen, man kann diese also planen. Dies ist besonders interessant, wenn man etwa die Veröffentlichung eines Werbe-Widgets erst zu einem bestimmten Datum plant oder aber das Hinzufügen eines Menüpunkts.

Mit all den genannten Anpassungsmöglichkeiten haben Sie eine Fülle von Optionen, Ihre Website an Ihre Bedürfnisse und Vorlieben anzupassen.

Kapitel 5

Funktionalität erweitern mit Plugins

In diesem Kapitel soll es nun darum gehen, eine WordPress-Installation um einige Funktionen zu erweitern. Diese Flexibilität ist eine der herausragenden Eigenschaften von WordPress und hat maßgeblich zu seiner Popularität beigetragen. Jeder Webmaster kann seine WordPress-Installation nach Belieben erweitern und dies wiederum führt zu einer Funktionsvielfalt, die man bei vielen anderen Content-Management-Systemen vermisst.

Um die Funktionalität zu erweitern, müssen Sie – und auch darin ist die Popularität von WordPress begründet – aber nicht programmieren können. Stattdessen können Sie auf eines der unzähligen Plugins zurückgreifen. Es gibt allein im offiziellen Verzeichnis[1] über 60.000 (Stand: Oktober 2022). Zusätzlich dazu gibt es auch viele andere Anbieter, bei denen man Plugins bekommen kann.

In Folgenden soll es darum gehen, woran man ein »gutes Plugin« erkennt, welche Plugins empfehlenswert sind, und um die Frage, wie viele Plugins man installieren darf oder sogar muss.

Im zweiten Teil des Kapitels möchten wir Ihnen einige ausgewählte Plugins vorstellen.

5.1 Plugins und Sicherheit

Plugins sollten generell nur mit Bedacht eingesetzt werden und nicht nach dem Motto »Viel hilft viel«. Hierfür gibt es zwei Gründe:

1. Je mehr Plugins Sie verwenden, desto eher kommen sie sich gegenseitig in die Quere und/oder verlangsamen das System.

2. Die große Mehrheit der Plugins stammt von »Drittentwicklern«. Viele dieser Autoren sind erfahrene Programmierer, aber da es vergleichsweise einfach ist, ein WordPress-Plugin zu entwickeln, erstellen auch viele ehrgeizi-

---

1 *https://wordpress.org/plugins/*

ge Feierabendprogrammierer Erweiterungen, und genau hier entsteht ein potenzielles Sicherheitsrisiko. Schließlich ist es eine Sache, eine Funktion zu skripten, aber eine ganz andere, dies sicher zu tun.

Achten Sie also darauf, dass Sie nur Plugins verwenden, die Sie auch wirklich brauchen, und nehmen Sie – wenn möglich – ein Plugin aus dem offiziellen Verzeichnis. Hier muss sich der Autor registrieren, das Plugin hochladen und der Code ist nun für jeden sichtbar. Wenn etwas mit dem Plugin oder seinem Code nicht in Ordnung ist, wird es früher oder später jemand aus der großen Community bemerken.

Die Anzahl der Downloads, die Anzahl und die Qualität der Bewertungen geben Ihnen zusätzliche Anhaltspunkte. Flankiert wird dies durch die Tatsache, dass Sie auf der Übersichtsseite des jeweiligen Plugins die letzten zehn Forenbeiträge sehen können, die sich auf diese Erweiterung beziehen. Auf diese Weise können Sie sich etwaiger Fehler in der Erweiterung bewusst werden.

Und da Plugin-Entwickler ihre Plugins nicht nur updaten, um Funktionalitäten zu erweitern oder zu optimieren, sondern eben auch, um Sicherheitslücken zu schließen, sollten Sie Plugins immer aktuell halten, das heißt updaten.

5.1.1 Plugins updaten

Sie werden im Backend darüber informiert, wenn es Updates für ein Plugin gibt. Schauen Sie sich am besten vor dem Updaten an, worin die Änderungen bestehen und erstellen Sie ein Backup (beispielsweise mithilfe des Plugins BackWPup, siehe Abschnitt 5.2.2 »BackWPup Free: Backups erstellen und planen«). Erst dann sollten Sie ein Update durchführen. Für besonders umfangreiche Websites oder auch kommerzielle Websites empfiehlt es sich, Updates immer erst in einer *Staging-Umgebung* durchzuführen, um sicherzustellen, dass ein Update keine Probleme mit sich bringt.

Staging-Umgebung

Unter einer Staging-Umgebung (Staging = engl. für Inszenierung) versteht man eine Serverumgebung, die das Testen von Websites und Softwareanwendungen unter nahezu realen Bedingungen ermöglicht. Dazu erstellt man möglichst auf dem gleichen Server einen Klon der Live-Website.

Angezeigt bekommen Sie die Anzahl der verfügbaren Updates bei den Menüeinträgen DASHBOARD|AKTUALISIERUNGEN und in der Plugin-Übersicht selbst. Wo Sie das Update durchführen, bleibt Ihnen überlassen.

Abbildung 5.1: Ein Plugin kann upgedatet werden.

Zum Updaten klicken Sie einfach den Link JETZT AKTUALISIEREN an und folgen den Anweisungen ähnlich wie bei der Installation, die Sie schon in Abschnitt 2.2 »Benutzerverwaltung (Rechtemanagement)« kennengelernt haben.

Veraltete Plugins

Wenn es für ein Plugin lange Zeit keine Updates mehr gibt, sollten Sie prüfen, ob es überhaupt noch gepflegt wird oder, ob es überhaupt noch ein Teil des offiziellen Plugin-Verzeichnisses ist. Sollte dies nicht mehr der Fall sein, sollten Sie ernsthaft in Erwägung ziehen, eine Alternative zu suchen. Nicht mehr gepflegte Plugins erhalten keine Sicherheitsupdates mehr und auch keine Updates, die evtl. für die Kompatibilität mit neueren WordPress-Versionen notwendig sind.

Sie erhalten hierüber im Backend keine Benachrichtigung, deswegen ist es ratsam, gelegentlich manuell zu überprüfen, ob noch alle eingesetzten Plugins gepflegt werden. Wem das zu aufwendig erscheint, der kann dafür auch ein Plugin einsetzen, z. B. den Plugin-Report[2], der in Abschnitt 5.2.9 »Plugin Report: Erfahren Sie mehr über alle installierten Plugins« näher vorgestellt wird.)

5.1.2 Plugins automatisiert updaten

Sie können in der Plugin-Übersicht auch die Funktion AUTOMATISCHE AKTUALISIERUNGEN AKTIVIEREN für einzelne Plugins auswählen. Dann wird das Plugin ohne Ihr Zutun aktualisiert, sobald eine neue Version verfügbar ist.

---

2 *https://wordpress.org/plugins/plugin-report/*

Auf den ersten Blick klingt diese Option sehr verlockend, denn die Sicherheit einer WordPress-Installation hängt ganz wesentlich davon ab, dass ihre Komponenten (Core, Plugins und Themes) auf dem neuesten Stand sind. Nur so können bekannte Sicherheitslücken geschlossen werden. Außerdem steht die Entwicklung von WP, seinen Plugins und Themes nie still und nur mithilfe von Updates können Inkompatibilitäten beseitigt und natürlich auch neue Features implementiert werden.

Dennoch ist es – wie im Abschnitt zuvor geschrieben – unerlässlich, dass Sie vor einem Update prüfen, ob das jeweilige Update mit anderen Komponenten kompatibel ist, und vor allem, ob der Server den eventuell erhöhten Anforderungen genügt, denn auch diese können sich bei einem Update ändern. Zudem sollte man vor jedem Update ein Backup durchführen, um im Fall des Falles die Website wiederherstellen zu können.

Leider führen diese notwendigen, aber zum Teil als lästig empfundenen Schritte in der Praxis dazu, dass Website-Betreiber notwendige Updates nicht durchführen. Dies wiederum führt dann zu gravierenden Sicherheitsmängeln. Um dem entgegenzuwirken, gibt es mittlerweile die Option, Updates automatisiert durchführen zu lassen. Aber auch das »blinde« Aktualisieren von Plugins führt oft zu Fehlermeldungen, Darstellungsfehlern oder gar dem gefürchteten »White Screen of Death«. Und wenn dann kein Backup vorhanden ist, kann der Schaden groß sein.

Unsere Empfehlung ist daher, auf diese Funktion zu verzichten. Wenn Sie Updates mit der notwendigen Prüfung und vorheriger Sicherung nicht selbst durchführen können oder wollen, empfiehlt es sich, einen Wartungsvertrag für Ihre Website abzuschließen.

5.1.3 Massenupdate von Plugins

Wenn Sie mehrere Plugins aktualisieren möchten, werden Sie sich freuen, dass Sie dies auch in einem Schritt tun können. Auch hierfür gibt es wieder mehrere Wege. Zum einen können Sie die Updates in der Plugin-Übersicht durchführen, zum anderen aber auch unter dem Menüpunkt DASHBOARD|AKTUALISIERUNGEN.

Klicken Sie auf den Link VERFÜGBARE AKTUALISIERUNGEN oberhalb der Tabelle in der Plugin-Übersicht. Wählen Sie die Plugins aus, die Sie aktualisieren möchten, und wählen Sie dann UPDATE aus dem Dropdown-Feld MEHRFACHAKTION. Bestätigen Sie Ihre Auswahl mit einem Klick auf die Schaltfläche ÜBERNEHMEN.

Abbildung 5.2: Verfügbare Aktualisierungen in der Plugin-Übersicht

Beim Menüpunkt DASHBOARD|AKTUALISIERUNGEN wählen Sie einfach die Plugins aus, die Sie aktualisieren möchten, und klicken dann auf die Schaltfläche PLUGINS AKTUALISIEREN.

Mit der Checkbox im Tabellenkopf können Sie auch alle Plugins mit einem Klick auswählen.

Abbildung 5.3: Plugins aktualisieren

5.2 Plugins – eine Auswahl

Die hier vorgestellten Plugins sind nur eine kleine Auswahl empfehlenswerter Plugins, die Ihnen helfen soll, sich einen Überblick über die beinahe unbegrenzten Möglichkeiten der Erweiterung von WordPress zu verschaffen. Für alle gibt es auch gute Alternativen. Welches Plugin Sie schlussendlich einsetzen, hängt sehr stark von Ihren Anforderungen, aber auch von Ihren Vorlieben ab. Die folgende Liste erhebt keinerlei Anspruch auf Vollständigkeit und bildet den Zustand im Juni 2022 ab. Die Plugins sind alphabetisch sortiert.

5.2.1 Antispam Bee: Spamkommentare datenschutzrechtlich sicher bekämpfen

Nun werden Sie sich vielleicht fragen, warum wir hier das Plugin Antispam Bee[3] vorstellen und nicht Akismet[4], ein sehr verbreitetes und bereits vorinstalliertes (nicht aktiviertes) Plugin für WordPress. Hierfür gibt es zwei Gründe: Erstens ist Akismet für kommerzielle Websites nicht kostenlos und zweitens gibt es bereits seit Anfang 2011 eine lebhafte Debatte über den Datenschutz, weshalb wir uns für Antispam Bee entschieden haben.

Das Plugin Antispam Bee befindet sich im offiziellen Verzeichnis, sodass es direkt im Backend von WordPress installiert werden kann.

Nach der Installation und Aktivierung finden Sie in den Einstellungen einen weiteren Menüpunkt: ANTISPAM BEE. Hier können Sie Ihre eigenen Einstellungen für die Funktionsweise des Plugins festlegen.

Die folgenden Einstellungen sind empfehlenswert:

- **Genehmigten Kommentatoren vertrauen** – Diese Option sollten Sie aktiviert lassen, denn wer als Kommentator bereits geprüft und freigeschaltet wurde, ist in aller Regel kein Spammer, sondern ein »normaler« Kommentator ... okay, der eine oder andere entpuppt sich später unter Umständen als Troll, aber das ist nicht die Baustelle von Antispam Bee. :)

- **BBCode-Links sind Spam** – Diese Einstellung sollte auf jeden Fall aktiv bleiben, weil sie Kommentare mit BBCode blockiert. BBCode ist eine Auszeichnungssprache, die in Foren zum Einsatz kommt, und viele Forenspammer spammen gleichzeitig auch Blogs zu.

- **Reguläre Ausdrücke anwenden** – Im Lieferumfang von Antispam Bee ist ein Erkennungsmechanismus, der Spamkommentare nach bestimmten Mustern erkennt. Also aktiv lassen.

- **Lokale Spam-Datenbank einbeziehen** – Auf Basis der bereits erkannten Spamkommentare, die sich unter KOMMENTARE|SPAM befinden, versucht das Plugin, neu aufkommende Kommentare besser zu erkennen.

- **Erkannten Spam markieren, nicht löschen** – Damit das Plugin auch mit der lokalen Spam-Datenbank arbeiten kann, muss diese auch Spamkommentare enthalten. Daher markieren, aber nicht löschen.

---

3 *https://de.wordpress.org/plugins/antispam-bee/*

4 *https://de.wordpress.org/plugins/akismet/*

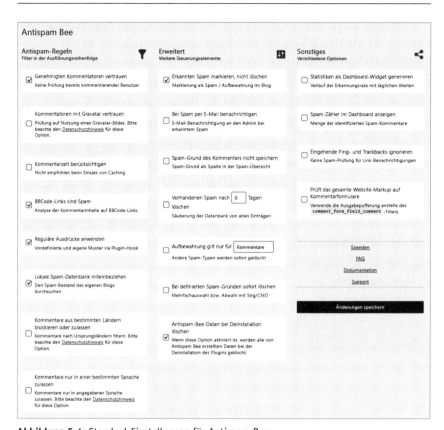

Abbildung 5.4: Standard-Einstellungen für Antispam Bee

- **Bei Spam per E-Mail informieren** – Wer selten im Adminbereich ist, kann sich via E-Mails über Spamkommentare informieren lassen. Wenn es zu viel des Guten wird, deaktivieren.

- **Vorhandenen Spam nach X Tagen löschen** – Damit die lokale Spamdatenbank nicht zu groß wird und dadurch die Datenbank zumüllt, sollten Sie die Option »Vorhandenen Spam nach X Tagen löschen« aktivieren. Circa 60 Tage sind ein guter Wert. Haben Sie bereits nach wenigen Wochen mehrere Tausend Spamkommentare, dann können Sie diesen Wert entsprechend kleiner halten.

- **Bei definierten Spamgründen sofort löschen** – Die Option sollten Sie aktivieren und hierbei die beiden Werte »Empty Data« und »CSS Hack« auswählen. Bei einem leeren Kommentar ist die Sache klar, der kann ohne

Bedenken gelöscht werden. Bei CSS Hack ist es so, dass ein Feld per CSS versteckt wird, und wird dieses ausgefüllt, dann handelt es sich zweifellos um einen Spammer.

Eine sehr ausführliche Anleitung und Erklärung der Funktionsweise finden Sie auch auf der Seite des Entwicklers[5].

5.2.2   BackWPup Free: Backups erstellen und planen

Mit dem Plugin BackWPup Free[6] können Sie umfangreiche Backups Ihrer WP-Installation erstellen. Das Plugin bietet viele Möglichkeiten, insbesondere die automatisierte Erstellung von Backups, und ist gleichzeitig sehr benutzerfreundlich.

Beim Erstellen und Planen dieser Sicherungen können Sie nicht nur angeben, was gesichert werden soll, sondern auch, wo und wann.

Die folgenden Optionen sind verfügbar:

- Datenbank-Backup
- Dateien-Backup
- WordPress-XML-Export
- Liste der installierten Plugins
- Datenbank-Tabellen prüfen

Aber wohin dann mit den Daten? Wie wäre es mit diesen Möglichkeiten:

- Backup in Verzeichnis
- Backup per E-Mail versenden
- Backup zu FTP
- Backup in die Dropbox
- Backup zu einem S3-Service
- Backup zu Microsoft Azure (Blob)
- Backup in die Rackspace-Cloud
- Backup zu SugarSync

Ebenso können Sie auch den Zeitpunkt der Sicherung sowie die Häufigkeit festlegen und ob Sie ein Protokoll über die Sicherung per E-Mail erhalten möchten.

---

5   *https://github.com/pluginkollektiv/antispam-bee/wiki/de-Home*

6   *https://de.wordpress.org/plugins/backwpup/*

Alle Möglichkeiten, die Ihnen das Plugin bietet, lassen sich auch auf unterschiedliche Weise kombinieren und als Aufträge speichern. Sie könnten unter anderem folgende Aufträge erstellen:

- Jeden ersten Montag im Monat wird Ihnen eine Liste der installierten Plugins als E-Mail gesendet.
- Alle zwei Wochen wird montags um 6:30 Uhr ein Datenbank-Backup in Ihrer Dropbox gespeichert.

Die Möglichkeiten sind vielfältig und es sollte nicht vergessen werden, dass man natürlich auch jederzeit manuell ein Backup starten kann.

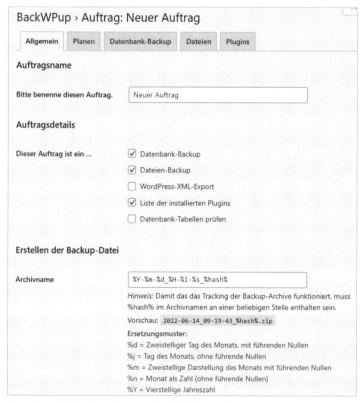

Abbildung 5.5: Backups können als Aufträge angelegt werden.

5.2.3   Cache Enabler: Ladezeit verringern

Auch auf dem Gebiet der Cache-Plugins gibt es sehr viele Anbieter bzw. Möglichkeiten. Der Cache Enabler[7] ist schlank, zuverlässig und verwendet nur die nötigsten Einstellungen, während er hervorragende Ergebnisse liefert.

Das Plugin erstellt statische HTML-Dateien, die auf der Festplatte des Servers gespeichert werden. Dies liefert den Besuchern statische HTML-Dateien und vermeidet so ressourcenintensive Backend-Prozesse von WordPress Core, Plugins und Datenbank.

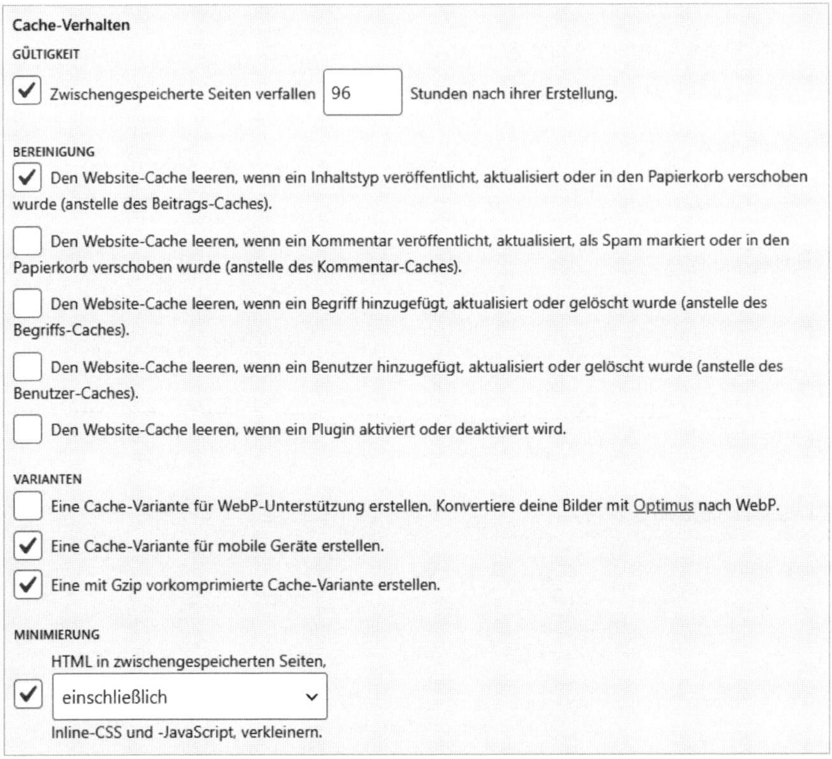

Abbildung 5.6: Cache-Enabler-Einstellungen

Mehr Infos zur Arbeit des Cache Enablers finden Sie auch in 6.2.3 »Plugins zur Verbesserung der Perfomance«.

---

7   *https://de.wordpress.org/plugins/cache-enabler/*

5.2.4 Code Snippets: Funktionen erweitern, ohne in den Code-Dateien zu arbeiten

Mit dem Code-Snippets-Plugin[8] können Sie die *functions.php* vom Backend aus erweitern und WordPress-Funktionen hinzufügen, die entweder das Backend, das Frontend oder beide betreffen.

---

functions.php

Die *functions.php*-Datei befindet sich im Theme-Ordner. Sie verhält sich wie ein WordPress-Plugin und fügt einer WordPress-Website Funktionen und Merkmale hinzu. Sie können damit WordPress-Funktionen aufrufen und Ihre eigenen Funktionen definieren.

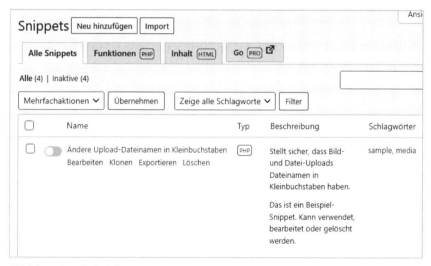

Abbildung 5.7: Code Snippets

Der Vorteil des Plugins ist, dass Sie Funktionen nicht wie sonst über das Arbeiten in der *functions.php* eines Child-Themes implementieren müssen, sondern die Oberfläche im Backend Ihrer WordPress-Installation nutzen können. Die so eingefügten Funktionen sind dann zudem auch bei einem Theme-Wechsel noch gültig.

---

8 *https://de.wordpress.org/plugins/code-snippets/*

Child-Theme

Arbeiten am Code müssen immer im Rahmen eines Child-Themes erfolgen, da die Theme-Dateien bei einem Update überschrieben werden. Mehr zum Thema Child-Theme erfahren Sie in Abschnitt 6.3.1 »Child-Theme«.

5.2.5 Contact Form 7: Einfaches Kontaktformular, in dem mehr steckt

Kaum eine WordPress-Installation kommt ohne Kontaktformular aus. Und wenn das Theme dies nicht anbietet, dann ist das wohl am häufigsten verwendete Plugin Contact Form 7[9]. Ein empfehlenswertes Plugin, das viele Möglichkeiten bietet.

Einerseits kann man ganz einfach ein schlichtes Kontaktformular erstellen, andererseits bietet es aber auch Möglichkeiten für ausgefallene bzw. spezielle oder sehr umfangreiche Formulare.

Abbildung 5.8: Standard-Kontaktformular

Eine gute Dokumentation, auch über die Anpassung der Formulare mit CSS, findet sich auf der Contact-Form-7-Website[10].

---

9   *https://de.wordpress.org/plugins/contact-form-7/*
10 *https://contactform7.com/*

Das Plugin wird aufgrund seiner Einfachheit oft unterschätzt, bietet aber mehr als genug Möglichkeiten für die große Mehrheit der Websites.

Datenschutz

Wenn Sie Contact Form 7 verwenden, denken Sie daran, ein Pflicht-Feld für die Zustimmung zur Datenverarbeitung in Ihr Kontaktformular einzufügen, um den Datenschutz zu gewährleisten.

5.2.6 Header Footer Code Manager: Code-Ergänzungen für Nicht-Programmierer

Das Plugin Header Footer Code Manager[11] hilft beim Einfügen von Tracking-Code-Snippets, Conversion-Pixeln oder anderen Skripten, die von Diensten Dritter benötigt werden. Im Regelfall werden diese direkt in die entsprechenden Theme-Dateien eingefügt, aber wenn Sie sich dabei unsicher sind, kann dies auch mit dem entsprechenden Plugin geschehen.

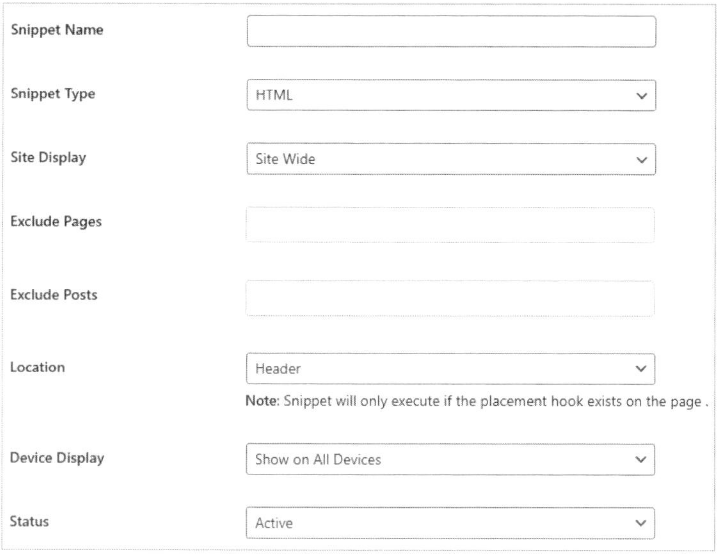

Abbildung 5.9: Snippets für den Header- und Footer-Bereich einfügen

---

11 *https://de.wordpress.org/plugins/header-footer-code-manager/*

Mit dem Plugin Header Footer Code Manager können Sie jeweils für den Header oder den Footer Code in einem Snippet (engl. für Schnipsel) hinterlegen. Zusätzlich können Sie sehr differenziert Angaben darüber machen, wo der Code ausgegeben werden soll. Das hat den Vorteil, dass z. B. Skripte, die nur für eine bestimmte Seite notwendig sind, nicht überall auf der Website geladen werden.

Header/Footer

Der Header- und der Footer-Bereich sind (in diesem Fall) Bereiche im Kopf- und Fußbereich einer Website, die für Besucher nicht direkt sichtbar sind. Im Header-Bereich finden sich u. a. Informationen über die Metadaten einer Website, hier werden Skripte aufgerufen oder Links zu benötigten CSS-Dateien. Auch im Footer-Bereich sind häufig Links zu Skripten eingefügt.

5.2.7 Koko Analytics: Statistik ohne Schnüffeln

Eine der drängendsten Fragen von Website-Betreibern ist oft die Anzahl der Besucher.

- Wie viele Besucher hat meine Website?
- Woher kommen die Besucher meiner Website?
- Was schauen sich die Besucher auf meiner Website an?

Wer diese Fragen beantwortet haben möchte, muss ein sogenanntes *Statistik-Plugin* einsetzen. Die naheliegendste und populärste Lösung dafür ist Google Analytics. Aber der Einsatz von Google Analytics ist nicht so einfach datenschutzkonform zu realisieren und erfordert technisches Grundwissen.

Das Plugin Koko Analytics[12] ist im Gegensatz dazu sehr einfach datenschutzkonform einzusetzen, da es keinerlei externe Services nutzt. Es bietet zugegebenermaßen keine Tiefenanalyse der Besucher, aber für die Mehrheit der Blogger reicht es völlig aus, um sich über die Besucherströme auf der eigenen Website zu informieren.

---

12 *https://de.wordpress.org/plugins/koko-analytics/*

Abbildung 5.10: Statistik von Koko Analytics

Für einen datenschutzkonformen Einsatz ohne das Setzen von Cookies müssen Sie nur in den Einstellungen die entsprechende Option deaktivieren (Abbildung 5.11). Um Ihre eigenen Besuche auf der Website nicht mitzuzählen, sollten Sie auch die entsprechenden Benutzerrollen von der Zählung ausschließen.

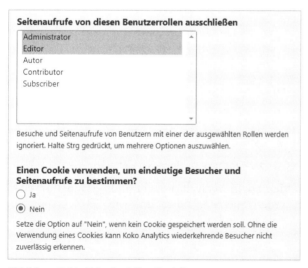

Abbildung 5.11: Koko-Analytics-Einstellungen

5.2.8 Limit Login Attempts Reloaded: Du kommst hier nicht rein

Mit dem Plugin Limit Login Attempts Reloaded[13] können Sie die Login-Versuche für den Admin-Bereich beschränken und dabei auch verschleiern lassen, ob der Nutzername oder das Passwort falsch waren. Damit können Sie sich gegen Brute Force Attacks schützen.

Brute Force Attack

Ein Brute-Force-Angriff (engl. für brachiale Gewalt) besteht darin, dass ein Angreifer viele Passwörter und/oder Benutzernamen übermittelt, in der Hoffnung, sie schließlich richtig zu erraten. Der Angreifer überprüft systematisch alle möglichen Passwörter und Benutzernamen, bis die richtige Kombination gefunden ist.

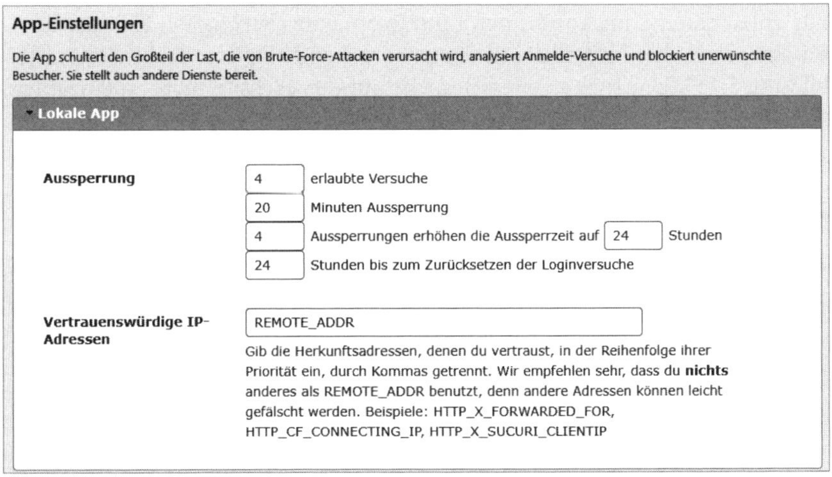

App-Einstellungen

Die App schultert den Großteil der Last, die von Brute-Force-Attacken verursacht wird, analysiert Anmelde-Versuche und blockiert unerwünschte Besucher. Sie stellt auch andere Dienste bereit.

▾ Lokale App

Aussperrung	4	erlaubte Versuche
	20	Minuten Aussperrung
	4	Aussperrungen erhöhen die Aussperrzeit auf 24 Stunden
	24	Stunden bis zum Zurücksetzen der Loginversuche
Vertrauenswürdige IP-Adressen	REMOTE_ADDR	

Gib die Herkunftsadressen, denen du vertraust, in der Reihenfolge ihrer Priorität ein, durch Kommas getrennt. Wir empfehlen sehr, dass du **nichts** anderes als REMOTE_ADDR benutzt, denn andere Adressen können leicht gefälscht werden. Beispiele: HTTP_X_FORWARDED_FOR, HTTP_CF_CONNECTING_IP, HTTP_X_SUCURI_CLIENTIP

Abbildung 5.12: Einstellungen für das Abwehren von Brute-Force-Attacken

Man kann festlegen, wie viele Login-Versuche erlaubt sind, wie lange die erste Sperrung und dann die weitere Sperrung dauert und wie viel Zeit vergehen muss, bis man sich wieder einloggen kann.

---

13 *https://de.wordpress.org/plugins/limit-login-attempts-reloaded/*

Sie haben außerdem die Möglichkeit, sowohl Nutzernamen als auch IPs in eine White- oder Blacklist einzutragen. Somit wäre es unter anderem möglich, die eigene feste IP in die Whitelist und einige Standardnamen (admin, root, webmaster etc.), die es nicht gibt, direkt in die Blacklist einzutragen.

Wenn Sie eine Website mit mehreren Personen betreiben, können Sie hinsichtlich der Einhaltung der DSGVO auch die Einstellungen anpassen, sodass diese beim Einloggen über den Einsatz des Plugins informiert werden.

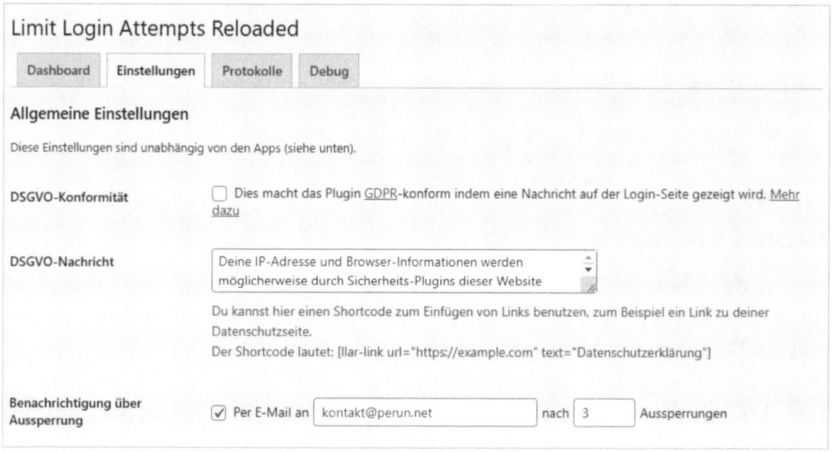

Abbildung 5.13: DSGVO-Einstellungen für Limit Login Attempts Reloaded

5.2.9 Plugin Report: Erfahren Sie mehr über alle installierten Plugins

Am Anfang des Kapitels hatten wir Sie schon darauf hingewiesen, wie wichtig es ist, immer darauf zu achten, dass die installierten Plugins aktuell sind. Nur so können Sie sicherstellen, dass bekannte Sicherheitslücken geschlossen werden. Oft werden dabei Plugins übersehen, die nicht mehr gepflegt werden, denn hier gibt es im Backend keinen Hinweis darüber. Es gibt nur einfach keine Updates mehr.

Um diese Plugins zu erkennen, kann man das Plugin Plugin Report[14] nutzen. Es liefert detaillierte Informationen über aktuell installierte Plugins.

---

14 *https://de.wordpress.org/plugins/plugin-report/*

Aktuell installierte Plugins

Name ▾	Autor	Repository	Aktiviert	Installierte Version	Automatische Aktualisierung	Zuletzt aktualisiert	Getestet bis WP-Version	Bewertung
AAWP	AAWP	wordpress.org	Ja	3.17.3 (verfügbar)	Nicht aktiviert	2 Monaten	5.9.0	Keine Daten verfügbar
AddQuicktag	Frank Bültge	wordpress.org	Ja	2.6.1	Nicht aktiviert	1 Jahr	5.7.6	94%
Antispam Bee	pluginkollektiv	wordpress.org	Ja	2.11.0	Nicht aktiviert	4 Monaten	5.9.3	96%
Avatar Privacy	Peter Putzer	wordpress.org	Ja	2.6.0	Nicht aktiviert	2 Monaten	5.9.3	100%
Cache Enabler	KeyCDN	wordpress.org	Ja	1.8.9	Nicht aktiviert	2 Wochen	6.0	88%
Classic Editor	WordPress-Mitwirkende	wordpress.org	Ja	1.6.2	Nicht aktiviert	11 Monaten	5.8.4	98%
Classic Widgets	WordPress-Mitwirkende	wordpress.org	Ja	0.3	Nicht aktiviert	5 Monaten	5.9.3	98%
Code Snippets	Code Snippets Pro	wordpress.org	Ja	3.1.1	Nicht aktiviert	4 Tagen	6.0	94%
Contact Form 7	Takayuki Miyoshi	wordpress.org	Ja	5.5.6.1 (5.6 verfügbar)	Nicht aktiviert	4 Stunden	6.0	82%

Abbildung 5.14: Plugin Report

Neben dem Hinweis über die letzte Aktualisierung können Sie auch sehen, bis zu welcher Version die Plugins offiziell kompatibel sind, und wie sie bei wordpress.org durch Nutzer bewertet wurden.

5.2.10   Redirection: Weiterleitungen einrichten und verwalten

Mithilfe des Plugins Redirection[15] können Sie bequem im Backend Ihrer Website 301-Weiterleitungen einrichten. Dies geht zwar auch über Eintragungen in der *.htaccess*-Datei, aber hier erhalten Sie auch zusätzlich eine Statistik über die Weiterleitungen und können diese ohne Code-Kenntnisse einrichten.

Eine neue Weiterleitung hinzufügen

Quell-URL

Die relative URL, von der du umleiten willst

URL-Optionen / Regulärer Ausdruck ⌄

Abfrage-Parameter

Exact match in any order ⌄

Ziel-URL

Ziel-URL, die du umleiten möchtest; oder nutze die Auto-Vervollständigung des Beitragsnamens

Gruppe

Weiterleitungen ⌄

Umleitung hinzufügen ⚙

Abbildung 5.15: Eine neue Weiterleitung hinzufügen

15 *https://de.wordpress.org/plugins/redirection/*

Mit dem Plugin können Sie zudem 404-Fehler im Auge behalten und generell alle losen Enden Ihrer Website in Ordnung bringen. Dies kann dazu beitragen, Fehler zu reduzieren und das Ranking Ihrer Website zu verbessern.

301 & 404

Der Code 301 im Zusammenhang mit einer Weiterleitung bedeutet, dass die Weiterleitung permanent ist. Der Code 404 zeigt an, dass die angeforderte URL auf dem Server nicht vorhanden ist.

Nach der Einrichtung des Plugins können Sie neben dem manuellen Anlegen von Weiterleitungen auch Weiterleitungen aus einer *.htaccess-*, einer *.csv-* oder einer JSON-Datei importieren. Genauso gut können Sie bestehende Weiterleitungen auch in verschiedenen Formaten exportieren.

Die sehr umfangreichen Möglichkeiten des Plugins bieten u. a. sogar Tools für die Einstellungen für »Canonical URL« oder HTTP-Header.

Canonical URL

Mit der Canonical URL kann man auf die ursprüngliche Quelle des Inhalts der Seite verweisen. Das Markup wird verwendet, um Problemen mit Duplicate Content zu begegnen.

Duplicate Content, also doppelter Inhalt, ist über mehrere URLs zu erreichen. Inhalte sollten aber immer über eine eindeutige URL erreichbar sein, da Suchmaschinen sonst vor das Problem gestellt sind, welche URL in den Rankings angezeigt werden soll.

5.2.11 Shariff Wrapper: Sicherer Kontakt zu sozialen Netzwerken

Das Plugin Shariff Wrapper[16] erlaubt Ihnen, Like- und Share-Buttons zu den verschiedenen sozialen Netzwerken datenschutzkonform zu integrieren.

Die üblichen Social-Media-Buttons übermitteln bereits beim Öffnen einer Website Nutzerdaten an Facebook & Co. und geben so Auskunft über Ihr Surfverhalten. Dazu müssen Sie weder eingeloggt noch Mitglied des Netzwerks sein. Die Shariff-Buttons nehmen erst dann direkten Kontakt mit dem sozialen Netzwerk auf, wenn der Nutzer aktiv auf den Share-Button klickt.

16 *https://de.wordpress.org/plugins/shariff/*

Shariff 4.6.7

| Basis | Design | Erweitert | Statistik | Hilfe | Status | Rangliste |

Basiseinstellungen

Wähle die zu aktivierenden Dienste in der gewünschten Reihenfolge und wo die Shariff-Buttons automatisch eingebunden werden sollen.

Folgende Dienste in dieser Reihenfolge aktivieren:

twitter|facebook|linkedin|info

`addthis|bitcoin|buffer|diaspora|facebook|flattr|flipboard|info|linkedin|mailto|mewe|mix`
`odnoklassniki|patreon|paypal|paypalme|pinterest|pocket|printer|qzone|reddit|rss|sms`
`telegram|tencentweibo|threema|tumblr|twitter|vk|wallabag|weibo|whatsapp|xing`

Verwende das Pipe-Zeichen | (Alt Gr + < oder ⌥ + 7) als Trennzeichen zwischen den Diensten.

Die Shariff-Buttons einfügen nach allen:

- [ ] Beiträgen
- [ ] Beiträgen (Blogseite)
- [ ] Seiten
- [ ] Textauszügen (Excerpts)

Custom Post Types:

- [ ] Kontaktformular

Abbildung 5.16: Shariff-Wrapper-Einstellungen

In den Einstellungen können Sie festlegen, welche Buttons angezeigt werden, und auch, wo diese erscheinen sollen. Sie haben auch die Möglichkeit, eine Statistik zu erstellen, um festzustellen, welche Buttons am häufigsten angeklickt werden.

5.2.12   The SEO Framework: Unterstützung bei der Suchmaschinenoptimierung

Wenn Sie ein Plugin zur Suchmaschinenoptimierung (kurz SEO) installieren wollen, sollten Sie sich nicht gleich für den Platzhirsch entscheiden. Empfehlenswert ist das Plugin SEO Framework[17]. Es bietet alles, was Sie von einem SEO-Plugin erwarten, es wird aktiv entwickelt und ist nicht überladen.

Sie können die SEO-Einstellungen für jede Seite bzw. jeden Beitrag separat einstellen, aber auch global gültige Einstellungen tätigen. Dabei können Sie auch für viele verschiedene Bereiche spezifische Einstellungen vornehmen.

---

17 *https://de.wordpress.org/plugins/autodescription/*

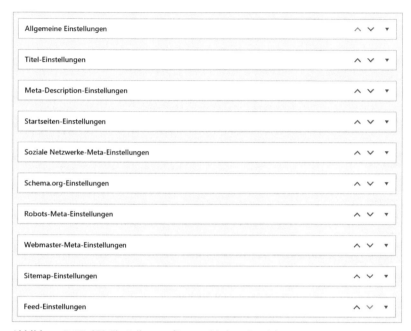

Abbildung 5.17: SEO-Einstellungen für verschiedene Bereiche

5.2.13   User Role Editor: Benutzergruppen verwalten und individuell anpassen

Wie Sie aus Abschnitt 2.3 »Benutzerverwaltung (Rechtemanagement)« wissen, unterscheidet WordPress von Haus aus fünf verschiedene Benutzergruppen:

1. Administrator
2. Redakteur
3. Autor
4. Mitarbeiter
5. Abonnent

Diese Benutzergruppen haben unterschiedliche Rechte, die ebenfalls angepasst werden können, zum Beispiel mit dem Plugin User Role Editor[18].

---

18 *https://wordpress.org/plugins/user-role-editor/*

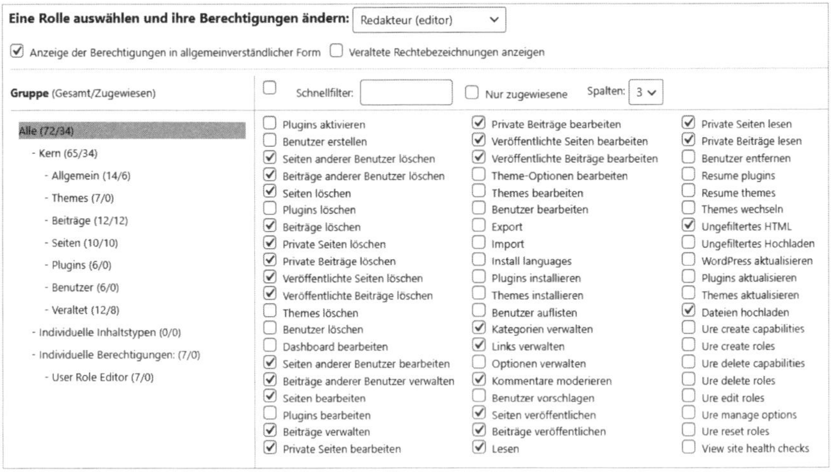

Eine Rolle auswählen und ihre Berechtigungen ändern: [Redakteur (editor) ∨]

☑ Anzeige der Berechtigungen in allgemeinverständlicher Form   ☐ Veraltete Rechtebezeichnungen anzeigen

Gruppe (Gesamt/Zugewiesen)   ☐ Schnellfilter: [   ]   ☐ Nur zugewiesene   Spalten: [3 ∨]

Alle (72/34)
- Kern (65/34)
  - Allgemein (14/6)
  - Themes (7/0)
  - Beiträge (12/12)
  - Seiten (10/10)
  - Plugins (6/0)
  - Benutzer (6/0)
  - Veraltet (12/8)
- Individuelle Inhaltstypen (0/0)
- Individuelle Berechtigungen: (7/0)
  - User Role Editor (7/0)

Spalte 1	Spalte 2	Spalte 3
☐ Plugins aktivieren	☑ Private Beiträge bearbeiten	☑ Private Seiten lesen
☐ Benutzer erstellen	☑ Veröffentlichte Seiten bearbeiten	☑ Private Beiträge lesen
☑ Seiten anderer Benutzer löschen	☑ Veröffentlichte Beiträge bearbeiten	☐ Benutzer entfernen
☑ Beiträge anderer Benutzer löschen	☐ Theme-Optionen bearbeiten	☐ Resume plugins
☑ Seiten löschen	☐ Themes bearbeiten	☐ Resume themes
☐ Plugins löschen	☐ Benutzer bearbeiten	☐ Themes wechseln
☑ Beiträge löschen	☐ Export	☑ Ungefiltertes HTML
☑ Private Seiten löschen	☐ Import	☐ Ungefiltertes Hochladen
☑ Private Beiträge löschen	☐ Install languages	☐ WordPress aktualisieren
☑ Veröffentlichte Seiten löschen	☐ Plugins installieren	☐ Plugins aktualisieren
☑ Veröffentlichte Beiträge löschen	☐ Themes installieren	☐ Themes aktualisieren
☐ Themes löschen	☐ Benutzer auflisten	☑ Dateien hochladen
☐ Benutzer löschen	☑ Kategorien verwalten	☐ Ure create capabilities
☐ Dashboard bearbeiten	☑ Links verwalten	☐ Ure create roles
☑ Seiten anderer Benutzer bearbeiten	☐ Optionen verwalten	☐ Ure delete capabilities
☑ Beiträge anderer Benutzer verwalten	☑ Kommentare moderieren	☐ Ure delete roles
☑ Seiten bearbeiten	☐ Benutzer vorschlagen	☐ Ure edit roles
☑ Plugins bearbeiten	☑ Seiten veröffentlichen	☐ Ure manage options
☑ Beiträge verwalten	☑ Beiträge veröffentlichen	☐ Ure reset roles
☑ Private Seiten bearbeiten	☑ Lesen	☐ View site health checks

Abbildung 5.18: User Role Editor

Das Plugin ermöglicht Ihnen, klar zu definieren, was Redakteuren, Autoren, Mitarbeitern und Abonnenten gestattet ist bzw. worauf sie Zugriff haben. Sie können aber auch eigene Rollen erstellen und diesen Rollen maßgeschneiderte Rechte zuweisen. Das gibt Ihnen die Möglichkeit, sehr differenzierte und auf ihre Erfordernisse zugeschnittene Benutzerrollen festzulegen und zuzuweisen.

5.2.14   WP Maintenance Mode & Coming Soon: Baustellenseite anlegen

Sogenannte Maintenance-Plugins sind zwar keine Plugins, die man dauerhaft im Einsatz hat oder haben sollte, aber während der Zeit des Aufbaus oder aber auch des Umbaus (Stichwort: Redesign) sind sie eine schnelle, einfache Möglichkeit, um Besucher über den Maintenance-Status zu informieren.

Maintenance

Der Begriff »Maintenance« lässt sich mit Wartung, Instandhaltung, Pflege übersetzen und bedeutet genau dies: Die Website wird gerade gewartet, instandgehalten oder gepflegt. Besonders beim Auf- und Umbau von Websites möchte man dies oft ohne Zuschauer machen, sodass Besucher dann eine sogenannte »Maintenance-Seite« angezeigt bekommen, die nähere Informationen zur Dauer oder zur Kontaktaufnahme enthält.

Das Plugin WP Maintenance Mode & Coming Soon[19] ist dabei sehr umfangreich und hat einige Extras zu bieten.

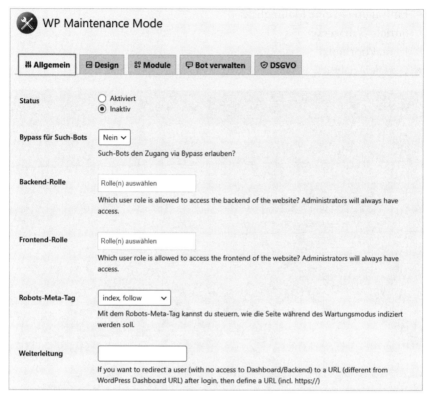

Abbildung 5.19: Maintenance-Mode-Einstellungen

Bei den allgemeinen Einstellungen können Sie festlegen, ob die Website weiter von Suchmaschinen indiziert werden darf, für wen der Wartungsmodus überhaupt gelten soll und ob es Seiten gibt, die vom Wartungsmodus ausgeschlossen sind.

Unter dem Reiter DESIGN können Sie sowohl den Text als auch die Farben anpassen. Sie können einen Hintergrund (Farbe oder Bild) auswählen und auch individuelles CSS hinterlegen.

---

19 *https://de.wordpress.org/plugins/wp-maintenance-mode/*

Bei den Modulen stehen Ihnen folgende Komponenten zur Verfügung:

- Counter
- Eintragung in eine Mailingliste
- Soziale Netzwerke
- Kontaktformular
- Google Analytics

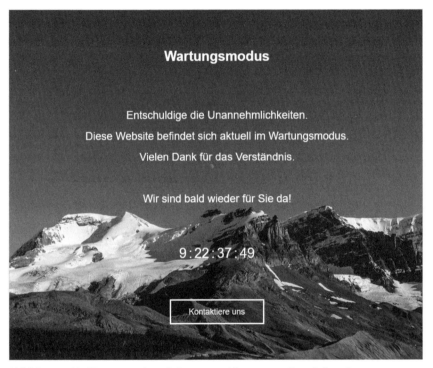

Abbildung 5.20: Wartungsmodus mit Counter und Button zum Kontaktformular

Zusätzlich dazu ist es sogar möglich, einen Bot einzurichten, um mit den Besuchern der Website Kontakt aufzunehmen. Außerdem können Hinweise zum Datenschutz eingerichtet werden.

Bot

Ein Bot ist ein von einem Computer gesteuertes Programm im Internet, das vordefinierte Aufgaben tätigt.

Abbildung 5.21: Wartungsmodus mit Bot

5.2.15   WP Rollback: Updates rückgängig machen

Und wenn durch ein Update doch etwas schiefläuft?

Mit dem Plugin WP Rollback[20], können Sie Themes oder Plugins in einer älteren Version installieren. Voraussetzung dafür ist allerdings, dass sie aus dem offiziellen Verzeichnis stammen und dass Sie Zugriff auf das Backend Ihrer WordPress-Installation haben.

Das Plugin selbst hat keine Einstellungsmöglichkeiten, es blendet aber bei jedem Plugin und Theme einen Rollback-Link bzw. Rollback-Button ein.

---

20 *https://de.wordpress.org/plugins/wp-rollback/*

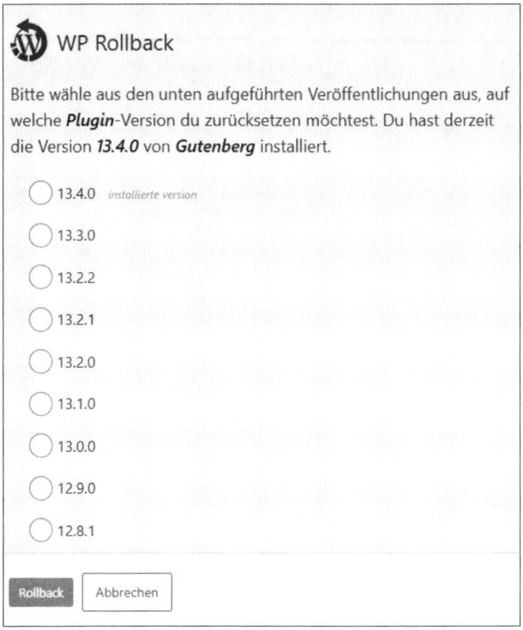

Abbildung 5.22: Mit WP-Rollback können ältere Versionen eines Plugins installiert werden.

Wenn Sie diesen Link oder Button aktivieren, erhalten Sie eine Übersicht über alle möglichen Plugin- oder Theme-Versionen, auf die Sie das Plugin oder Theme zurücksetzen können. Wählen Sie also die passende Version aus und bestätigen Sie dann das Rollback. Denken Sie aber immer daran, vorher ein Backup Ihrer Website zu erstellen!

WP Downgrade | Specific Core Version

Falls Sie einmal WordPress selbst zurücksetzen möchten, gibt es auch dafür ein Plugin: WP Downgrade | Specific Core Version[21]. Mit diesem Plugin können Sie über die WordPress-interne Update-Funktion eine bestimmte WordPress-Version installieren. Das definierte Core-Release wird wie ein reguläres Update von *wordpress.org* bezogen und direkt installiert.

Die Versionsnummer kann höher oder niedriger sein als die aktuell installierte Version. So ist auch ein Rollback auf frühere Versionen möglich.

---

21 *https://de.wordpress.org/plugins/wp-downgrade/*

Kapitel 6

Tipps für Fortgeschrittene

In diesem abschließenden Kapitel soll es um Tipps bei der Arbeit mit Word-Press gehen. Die Tipps richten sich zum einen an Administratoren, die die Performance ihrer Website steigern oder aber das Theme individualisieren möchten. Zum anderen möchten wir auch Autoren und Redakteuren Hinweise für ein effizienteres und zufriedenstellendes Schreiberlebnis mit dem Gutenberg-Editor geben. Das Kapitel unterteilt sich in die Bereiche:

1. Sicherheit erhöhen
2. Performance optimieren
3. Themes individualisieren
4. Schreiben
5. Barrierefreiheit

6.1 Sicherheit erhöhen

Wir haben bereits einige Aspekte der Erhöhung der Sicherheit Ihrer Word-Press-Installation beschrieben. Wir möchten hier alles noch einmal gesammelt darstellen und ein paar zusätzliche Tipps geben.

6.1.1 Datenbankpräfix ändern

Bereits während des Installationsvorgangs haben wir Sie auf die Änderung des Datenbankpräfixes aufmerksam gemacht. Auch aus sicherheitstechnischen Gründen wird hier häufig empfohlen, dass man ein anderes Präfix nimmt, allerdings ist die Steigerung der Sicherheit durch diese Maßnahme bestenfalls gering. Dennoch empfehlen auch wir, dass Sie ein individuelles Präfix nehmen. Warum?

Dadurch, dass man bei zusätzlichen WordPress-Installationen in der gleichen Datenbank sowieso das Präfix individualisieren muss, kann man auch schon bei der ersten Installation das Standard-Präfix für die Datenbank-Tabellen (wp_) in einen individuellen Wert (z. B. mein_blog_) ändern. Bei einer bestehenden Installation empfiehlt es sich aber nicht, diese Änderung durchzuführen, da dies den Aufwand nicht rechtfertigt. Sie müssten dafür Änderungen direkt in der Datenbank durchführen, und das sollten nur versierte Nutzer tun.

6.1.2 Nutzername und Passwort

Achten Sie bei der Wahl des Benutzernamens darauf, dass Sie einen individuellen Namen und ein starkes bzw. sicheres Passwort wählen. Passwörter sollten mindestens 9 Zeichen lang sein und sowohl Groß- als auch Kleinbuchstaben, Zahlen und Symbole wie ! » ? $ % ^ &) enthalten.

6.1.3 Automatische Benutzerregistrierung deaktiviert lassen

Unter EINSTELLUNGEN|ALLGEMEIN im Backend haben Sie die Möglichkeit, die Funktion JEDER KANN SICH REGISTRIEREN zu aktivieren. Damit können sich Besucher Ihrer WordPress-Installation selbstständig als Abonnent (registrierter Leser) anmelden. Leider war diese Funktion in der Vergangenheit schon einige Male Ziel von Angriffen, daher ist es empfehlenswert, die automatische Registrierung deaktiviert zu lassen. Sicherer ist es, wenn Sie eine Registrierung zusätzlicher Mitarbeiter manuell vornehmen. Siehe dazu auch Abschnitt 2.3 »Benutzerverwaltung (Rechtemanagement)«.

6.1.4 Anmeldeversuche begrenzen mit Limit Login Attempts Reloaded

Mit dem Plugin Limit Login Attempts Reloaded, das wir Ihnen in Kapitel 5 vorgestellt haben, können Sie die Login-Versuche für den Admin-Bereich begrenzen und auch verschleiern, ob der Benutzername oder das Passwort falsch war. Diese Methode verhindert vor allen Dingen Brute-Force-Angriffe[1] auf Ihre WordPress-Installation.

6.1.5 XML-RPC-Schnittstelle sperren

Die XML-RPC-Schnittstelle[2] wird für zwei Aufgaben benötigt: Zum einen für das Pingback-System innerhalb von WordPress. Mit dem Pingback-System

---

1   *Brute Force ist englisch für »rohe Gewalt«. Bei dieser Methode wird durch stumpfes Ausprobieren versucht, die Zugangsdaten herauszufinden (https://de.wikipedia.org/wiki/Brute-Force-Methode).*

2   *https://de.wikipedia.org/wiki/XML-RPC*

lassen sich Verweise zwischen Beiträgen und Seiten der eigenen Installation und auch externen Installationen nachvollziehen. Je nach eingesetztem Theme wird der Pingback zusammen mit den Kommentaren im Frontend angezeigt. Die XML-RPC-Schnittstelle wird zum anderen benötigt, wenn Sie auf WordPress mit bestimmten externen Anwendungen oder Editoren zugreifen möchten.

Externe Kommunikation

Bei den neueren WordPress-Versionen erfolgt die externe Kommunikation meistens über die sicherere REST-API. Die Verbindung zu der XML-RPC-Schnittstelle besteht nur aus Gründen der Abwärtskompatibilität.

Benötigen Sie die beiden genannten Funktionen nicht, dann sollten Sie die XML-RPC-Schnittstelle mit dem folgenden Code in der *.htaccess*-Datei blockieren:

```
001  <files xmlrpc.php>
002  Order deny,allow
003  deny from all
004  </files>
```

Mithilfe dieser Anweisung werden die externen Zugriffe auf die Schnittstelle, oder genauer die Datei *xmlrpc.php* blockiert. Das Problem an dieser Schnittstelle ist, dass Angreifer gleichzeitig mehrere Hundert Passwort-Abfragen an sie abschicken können. Mit der Blockierung verhindert man diese Angriffe.

6.1.6 Zugriff einschränken

Über die *.htaccess*-Datei können Sie verschiedene Zugriffe sperren bzw. einschränken. So können Sie beispielsweise den Zugriff auf den **Admin-Bereich** nur für bestimmte IP-Adressen zulassen:

```
001  # wp-admin nur für bestimmte IPs freischalten
002  order deny,allow
003  deny from all
004  allow from XXX.XXX.XX.X
005  allow from XXX.XXX.XX.X
```

Sie können den Zugriff auf die **wp-config.php** verhindern:

```
001  # Zugriff auf wp-config unterbinden
002  <files wp-config.php>
003  order allow,deny
004  deny from all
005  </files>
```

Darüber hinaus können Sie den Zugriff auf die *.htaccess* unterbinden:

```
001  #Zugriffe auf .htaccess verhindern
002  <files ~ "^.*\.([Hh][Tt][Aa])">
003  order allow,deny
004  deny from all
005  satisfy all
006  </files>
```

Eine weitere Möglichkeit ist es, die **Login-Seite** mit einem Passwortschutz zu versehen. Dafür müssen Sie die *.htaccess*-Datei mit folgendem Code ergänzen:

```
001  # Protect wp-login.php
002  <Files wp-login.php>
003    AuthName "Protected Admin-Area"
004    AuthType Basic
005    AuthUserFile /dein/pfad/.htpasswd
006    Require valid-user
007  </Files>
```

Dabei muss die Datei, auf die in Zeile 005 verwiesen wird, das Passwort enthalten.

6.2   Performance optimieren

Die Optimierung der Ladezeit einer Website, auch bekannt als Performance-Optimierung, ist seit vielen Jahren ein wichtiges Thema, und das zu Recht. Seien wir ehrlich, niemand mag langsame Websites. Nicht einmal die geduldigsten Menschen. Die Tatsache, dass gewissenhafte Website-Besitzer die Ladezeit einer Website optimieren, ist nichts Neues. Es gibt aber noch mehr Gründe, sich um die Performance seiner Website zu kümmern.

6.2.1 Warum ist die Optimierung der Ladezeiten wichtig?

Man muss bedenken, dass in Deutschland, vor allem in ländlichen Gebieten, die Versorgung mit schnellen Internet-Anschlüssen alles andere als gut ist. Wenn man sich mit Leuten aus dem ländlichen Raum unterhält – und dazu gehören wir inzwischen –, hört man zwar erfreulicherweise auch von recht schnellen Anschlüssen, aber nicht selten ist auch zu hören, dass in den Haushalten tatsächlich nur 2 Mbit zur Verfügung stehen.

Sie können sich vorstellen, wie viel Spaß es macht, eine Seite mit mehr als 4 MByte aufzurufen, wenn man bestenfalls eine Download-Geschwindigkeit von 250 KByte/s hat. So selten ist eine solche Download-Geschwindigkeit nicht, denn die 250 KByte Downloadgeschwindigkeit entsprechen einer Internetverbindung von 2 Mbit.

Ein weiterer Faktor ist die mobile Nutzung. Auch hier ist die Versorgung mit schnellen Zugängen in vielen Fällen alles andere als zufriedenstellend und das begrenzte Datenvolumen in vielen Verträgen macht es umso relevanter, eine möglichst schlanke Website anzubieten.

Fasst man nun die obigen Argumente zusammen, so wird deutlich, warum die Performance-Optimierung grundsätzlich bei allen Projekten einen hohen Stellenwert haben sollte. Je länger die Website braucht, um vollständig zu laden, desto weniger Besucher bleiben auf Ihrer Website und desto weniger Leser werden Ihre Artikel sehen und in sozialen Netzwerken teilen. Je länger das Laden einer Website dauert, desto höher ist auch die Abbruchquote bei Bestellvorgängen.

Seit vielen Jahren gibt es widersprüchliche Aussagen darüber, ob und vor allem in welchem Umfang Google die Ladezeit als Ranking-Faktor berücksichtigt. Wenn überhaupt, wird sie eher als schwächerer Faktor angesehen, sodass man bei der Optimierung der Ladezeiten nicht Suchmaschinenoptimierung (SEO) als Hauptaugenmerk angeben sollte, sondern die höhere Verweildauer auf der Website und die höhere Conversion Rate im Shop. Sollte die Optimierung zu einer besseren Positionierung im Vergleich zu langsameren Konkurrenten führen, dann kann man diese Wundertüte dankbar als zusätzliches Geschenk annehmen.

SEO

SEO ist die englischsprachige Abkürzung für *Search Engine Optimization* und die deutschsprachige Übersetzung wäre *Suchmaschinenoptimierung*. Damit ist nicht gemeint, dass Sie die Suchmaschinen optimieren, sondern, dass Sie Ihre Webinhalte und Webprojekte für die Suchmaschinen optimieren sollten.

SEO gliedert sich grob in zwei Bereiche: Zum einen wäre dies Onpage-SEO und zum anderen Offpage-SEO. Unter dem ersten Bereich werden alle Maßnahmen gezählt, die auf der Website passieren. Dazu zählen die Optimierung der Überschriften und des Fließtextes, interne Verlinkung usw. Ein wichtiger Unterbereich von Onpage-SEO ist das *technical SEO*. Hier geht es darum, das technische Fundament so zu optimieren, dass es Suchmaschinen-freundlich bleibt und keine technischen Bremsen eingebaut werden, die etwa die Indexierung der Website durch Suchmaschinen blockieren.

Das Offsite-SEO betrifft alle Maßnahmen, die außerhalb des Webprojekts passieren. Dazu zählen etwa externe Verlinkungen, Eintragung der Website in qualitativ gute Verzeichnisse usw.

SEO ist ein wichtiger Wissensbereich und die grundlegenden Kenntnisse aus diesem Bereich gehören in den gut sortierten Werkzeugkasten nicht nur von Bloggern. Sie werden Ihnen auch helfen, wenn Sie einen Webshop oder auch nur eine normale Website betreiben.

6.2.2 Ein solides Fundament erstellen

Ähnlich wie beim Bau eines Hauses sollte man sich bei der Optimierung der Ladezeit zunächst auf die Grundlagen konzentrieren und ein solides Fundament errichten. Viele Nutzer suchen als Erstes nach Caching-Plugins oder Plugins, die beispielsweise JavaScript- und CSS-Dateien kombinieren, anstatt sich zunächst auf die einfachen und grundlegenden Maßnahmen zu konzentrieren, die ein viel besseres Nutzen-Ergebnis-Verhältnis haben.

404er-Fehlermeldungen eliminieren

Auch bei der Performance-Optimierung gilt das Paretoprinzip: Mit wenigen, einfachen Maßnahmen erreicht man einen Großteil der Verbesserung an der Ladezeit. Im Folgenden werden wir einige einfache Maßnahmen vorstellen, die eine große Wirkung entfalten können. Referenzierte, aber nicht vorhandene Dateien bremsen den Aufbau der Website massiv aus.

In den letzten Monaten konnten wir im Rahmen der Performance-Optimierung an diversen Kunden-Websites zum wiederholten Mal feststellen, dass die 404er-Fehlermeldungen – »Die angeforderte Ressource wurde nicht gefunden« – sich sehr negativ auf die Ladezeit der Website auswirken können.

Fehlfunktionen oder Fehleinstellungen am Theme oder in Plugins können dazu führen, dass eine Grafik, eine JavaScript- oder eine CSS-Datei im Quelltext referenziert, aber nicht erzeugt wird. So macht sich der Server auf die Suche nach der vom Browser angeforderten Datei, findet aber logischerweise nichts. Wir hatten Fälle, in denen die Website erst nach 25 Sekunden komplett geladen war, weil eine Java-Script-Datei nicht vorhanden war. Das Tückische an diesem Problem ist, dass man an der Funktionalität oder am Layout der Website nichts merkt, da die nicht gefundenen Dateien sehr häufig gar nicht notwendig sind.

Und was können wir dagegen unternehmen? Wenn sich durch die Einstellungen am Theme oder Plugin das Problem nicht beheben lässt und auch die Dokumentation oder der Support keine Antwort gibt, dann können Sie sich immer noch mit »Trick 17b« behelfen: Einfach eine leere CSS- oder JavaScript-Datei oder eine 1 Pixel große, transparente Grafik mit dem passenden Namen bereitstellen.

Diese Lösung mag auf den ersten Blick nicht elegant sein, sie behebt allerdings auf jeden Fall das Problem mit der hohen Ladezeit. Und damit dürften viele Nutzer absolut zufrieden sein. Zumindest haben Sie aber Zeit gewonnen, um sich um eine elegantere Lösung zu kümmern.

Damit solche Probleme gar nicht erst entstehen, ist es absolut sinnvoll, im Vorfeld etwas mehr Zeit zu investieren und sich auf einer Testinstallation das Plugin oder das Theme etwas näher anzuschauen, um dieses Problem in der späteren Live-Seite auszuschließen. Es ist immer empfehlenswert, wenn Sie eine Website betreiben, dass Sie sich mit ihrem Innenleben beschäftigen. Der Vergleich mit dem Auto ist hier angebracht. So wie ein gewissenhafter Autofahrer auf außergewöhnliche Motorgeräusche achtet, den Öl-Stand kontrolliert oder die Bremsen testet und Reifen prüft, so sollten Sie ab und an auch einen Blick »unter die Haube« Ihrer Website werfen. Untersuchen Sie Ihre Website dazu mit anderen Browsern. Schauen Sie sich die Website auch ruhig in den Entwickler-Tools der Browser an. Unter Windows ist dafür in der Regel die Taste `F12` vorgesehen. Wenn Sie sich mit diesen Browser-Tools beschäftigen, werden Sie auch einiges über Ihre Website oder Ihren Weblog lernen.

Und sollten Sie an einem Punkt bei der Problemlösung nicht weiterkommen – und hier geht die Auto-Analogie weiter –, dann suchen Sie sich die Hilfe eines Experten, eines Freelancers oder einer Agentur, so wie Sie bei größeren Problemen am Auto auch die nächste Autowerkstatt aufsuchen würden.

Bilder optimieren

Eines der größten Potenziale in Sachen Ladezeitoptimierung liegt in den Bildern und Grafiken einer Website. Hier eine kurze Liste von häufigen Fehlern, die auch im Jahr 2022 noch auf vielen Websites zu finden sind, egal ob sie von Agenturen oder einer Privatperson umgesetzt wurden:

1. Bilder sind nicht komprimiert oder für die Verwendung im Web optimiert. Dabei kann man selbst mit kostenlosen Tools, wie etwa Photopea[3], die Dateigröße von Bildern ohne spürbaren Qualitätsverlust deutlich reduzieren.

    Photopea ist ein sehr leistungsfähiges Tool. Hierbei handelt es sich um eine browserbasierte Bild- und Grafikbearbeitung. Wer Photoshop kennt, wird sich dort wohlfühlen. Die Anwendung ist auch kostenlos nutzbar und in der Lage, ordentlich komprimierte Bilder zu produzieren.

2. Oft wird das falsche Format gewählt. Grob kann man folgende Regel aufstellen: Für Bilder mit fotografischen Elementen und feinen Verläufen empfiehlt sich JPG und für Grafiken mit wenigen Farben oder Screenshots mit viel Text GIF oder noch besser das 8-Bit-PNG. Für Formen und Logos ist SVG eine optimale Alternative.

   Das relativ neue Grafikformat WebP[4] hat gegenüber JPG und PNG häufig den Vorteil, bei gleicher visueller Qualität kleinere Dateigrößen zu erstellen. Hier müssen Sie einfach ausprobieren, was die beste Mischung aus annehmbarer sichtbarer Qualität und Dateigröße ergibt.

3. WordPress kann beim Hochladen Thumbnails in verschiedenen Größen erstellen. Schauen Sie einfach unter Einstellungen|Medien nach.

   Es ist absolut nicht empfehlenswert, ein Foto in hoher Qualität mit den Maßen 1920 × 1200 und einer Dateigröße von 1,5 MByte hochzuladen und es gleichermaßen im Beitrag und für die verschiedenen Vorschaubildformate zu verwenden und es einfach in HTML zu skalieren. Sie erhalten dann eine optisch kleinere Grafik, allerdings zu einem hohen Preis. Konkret bedeutet

---

3 *https://www.photopea.com*

4 *https://de.wikipedia.org/wiki/WebP*

das, dass Ihr 120 × 120 Pixel großes Thumbnail eine Dateigröße von 1,5 MByte verursachen wird. Wenn Sie dann acht solcher »Thumbnails« auf der Startseite haben, kann die Startseite leicht 10+ MByte »wiegen«.

Wenn Sie jetzt denken, dass wir übertreiben, müssen wir Sie leider enttäuschen, solche oder ähnliche Szenarien sind uns schon ein paar Mal begegnet. Daher gilt auch hier die Empfehlung: Augen auf bei der Auswahl des Themes oder der Umsetzung durch die Agentur.

Das Gute an der Optimierung der Bilder ist, dass sie bereits von den Autoren und Redakteuren vorgenommen werden kann. Unserer Meinung nach gehört die Vorbereitung von Bildern für die Verwendung im Web zu einem guten redaktionellen Arbeitsablauf.

Textdateien komprimieren und verbessertes Cachen

Die Komprimierung von Textdateien[5] während der Übertragung und eine verbesserte Zwischenspeicherung sind Maßnahmen, die einfach durchzuführen sind und in der Regel gute Ergebnisse liefern. Beides ist insofern sinnvoll, als in aller Regel die Internetverbindung der Flaschenhals ist und nicht die Power des Rechners des Benutzers oder der Server, auf dem die Website betrieben wird.

Abbildung 6.1: Browsertools in Firefox: Diese Unterseite wird komprimiert.

---

5 *Hiermit sind alle Dateien gemeint, die als Textdateien gelten, also nicht nur .txt, sondern auch .php, .html, .css, .xml usw.*

Ob und welche Komprimierungsarten Ihr Webhoster anbietet, erfahren Sie, wenn Sie den Support kontaktieren. Ob die Unterseiten schon komprimiert ausgegeben werden, können Sie mithilfe von Browsertools erfahren. Im oberen Screenshot wird die Unterseite mit dem Datenkompressions-Algorithmus Brotli[6] komprimiert. Sollte bei content-encoding anstatt br etwa deflate oder gzip stehen, dann werden die Unterseiten zwar komprimiert, aber mit der etwas älteren Methode[7].

Wenn Ihr Webhost die Komprimierung mit Brotli zwar anbietet, aber noch nicht aktiviert hat, können Sie das folgende Codefragment in der *.htaccess*-Datei verwenden, um die Komprimierung von Textdateien zu aktivieren:

```
001  # Brotli aktivieren
002  <FilesMatch "\\.(js|css|html|htm|php|xml|svg|json|txt|csv)$">
003  SetOutputFilter BROTLI_COMPRESS
004  </FilesMatch>
```

Listing 6.1: Code für die Komprimierung verschiedener Text-Formate

Sollte auf Ihrem Webserver der Datenkompressions-Algorithmus *Brotli* nicht vorhanden sein, dann haben Sie immer noch die Möglichkeit, auf das ältere *Deflate* zurückzugreifen. In einem solchen Fall fügen Sie den folgenden Code ein:

```
001  # Deflate aktivieren
002  <FilesMatch "\\.(js|css|html|htm|php|xml|svg|json|txt|csv)$">
003  SetOutputFilter DEFLATE
004  </FilesMatch>
```

Listing 6.2: Alternativer Code für die Komprimierung verschiedener Text-Formate

Da Sie in einem üblichen redaktionellen Workflow die Bilder bereits mit einem Bildbearbeitungsprogramm komprimiert und für das Web optimiert haben, ist es hier nicht sinnvoll, die Bilder zusätzlich zu komprimieren. Dies würde nur unnötig Serverressourcen beanspruchen. Lediglich SVG kann von dieser Regel ausgenommen werden, da dieses Grafikformat auf XML – einem Textformat – basiert und somit im Gegensatz zu JPG oder PNG keine Pixel-, sondern eine Vektorgrafik ist.

---

6   *https://de.wikipedia.org/wiki/Brotli*

7   *https://de.wikipedia.org/wiki/Deflate*

Nachdem Sie die Komprimierung aktiviert haben, geht es darum, das Caching-Verhalten zu verbessern:

```
001  # Caching verbessern
002  <FilesMatch "\.(ico|jpg|jpeg|png|gif|js|css|swf|woff|woff2)$">
003  ExpiresActive on
004  ExpiresDefault "access plus 35 days"
005  Header unset ETag
006  FileETag None
007  </FilesMatch>
```

Listing 6.3: Caching verbessern

Dieser zweite Block versieht die Dateien im Cache mit zusätzlichen Informationen, sodass der Server die aufgelisteten Dateitypen direkt aus dem Browsercache des Besuchers lädt, ohne erneut mit dem Server zu kommunizieren und damit jeweils eine zusätzliche http-Anfrage zu erzeugen. Im Fachjargon werden so bedingte GET-Anfragen verhindert.

Dies ist wichtig, weil die Ladezeit einer Website nicht nur von der Gesamtgröße der referenzierten Quellen abhängt, sondern auch von der Anzahl der http-Aufrufe, da Browser nur eine begrenzte Anzahl von Aufrufen auf einmal verarbeiten können. Die anderen Dateien müssen dann so lange im Hintergrund warten. Daher konzentriert sich die Leistungsoptimierung nicht nur auf die Verringerung der übertragenen Dateigröße, sondern auch auf die Reduzierung der http-Aufrufe.

6.2.3 Plugins zur Verbesserung der Performance

Erst wenn Sie die vorherigen Punkte durchgearbeitet haben, lohnt es sich, über Plugins nachzudenken, die bei der Ladezeitoptimierung Ihrer Website helfen. In vielen Blogartikeln werden die beiden beliebtesten Caching-Plugins sehr unkritisch empfohlen: WP Super Cache[8] und W3 Total Cache[9].

Abgesehen davon, dass beide Plugins echte Schwergewichte sind und eine recht lange Einarbeitungszeit erfordern, haben sie in der Vergangenheit auch schon unangenehme Aufmerksamkeit auf sich gezogen. Bei W3 Total Cache etwa folgte auf eine massive Sicherheitslücke ein Patch, der bei vielen Installationen große Probleme verursachte.

---

8 *https://de.wordpress.org/plugins/wp-super-cache/*
9 *https://de.wordpress.org/plugins/w3-total-cache/*

Schlankere und mindestens ebenso leistungsfähige Alternativen wären Hyper Cache[10] und Cache Enabler[11]. Wenn es ein bisschen was kosten darf, wäre WP Rocket[12] eine interessante Alternative.

Cache Enabler

Wenn Sie die Komprimierung und das erweiterte Caching wie zuvor beschrieben auf Ihrem Webserver aktiviert haben, müssen Sie, wenn Sie sich für Cache Enabler entschieden haben, nur wenige Schritte durchführen.

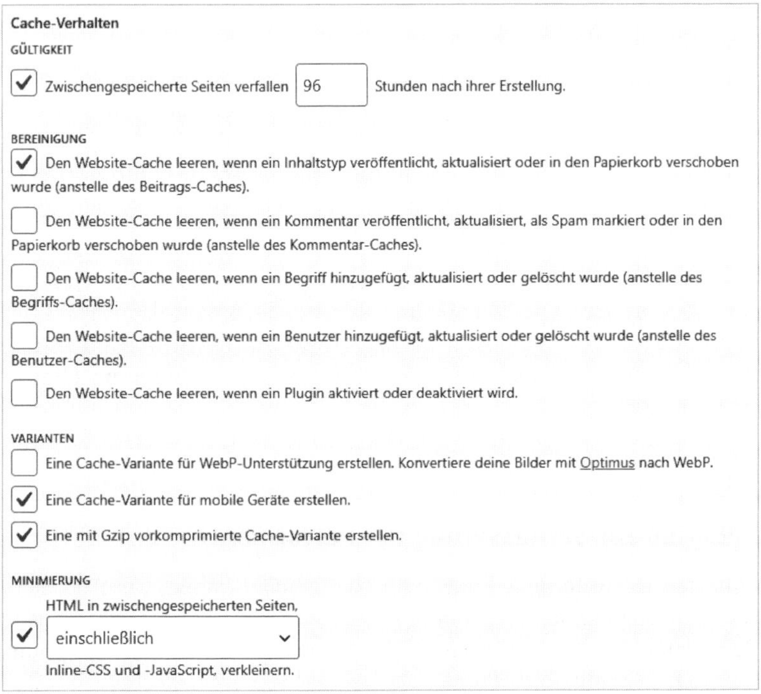

Abbildung 6.2: Die Einstellungen im Cache Enabler sind übersichtlich.

Nach der Aktivierung des Plugins finden Sie unter EINSTELLUNGEN|CACHE ENABLER die Möglichkeit, das Plugin an Ihre Bedürfnisse anzupassen und bei Bedarf auch den Cache zu löschen. Da die Komprimierung und das verbesserte Caching bereits auf dem Server aktiv sind (siehe vorheriger Abschnitt), müs-

10 *https://de.wordpress.org/plugins/hyper-cache/*
11 *https://de.wordpress.org/plugins/cache-enabler/*
12 *https://wp-rocket.me/de/*

sen Sie nur noch die Zeit einstellen, die für die gecachten Seiten gelten soll. 96 Stunden sind in unseren Augen ein guter Wert.

Sobald nun Besucher auf Ihre Website kommen, erzeugt Cache Enabler eine statische HTML-Variante der aufgerufenen Seiten und legt diese im Ordner *wp-content/cache/hyper-cache/* ab. Es handelt sich hierbei um HTML-Seiten, die direkt an die Besucher ausgeliefert werden. Das ist viel performanter, als wenn die ganzen Inhalte zuerst durch PHP aus der Datenbank geholt und dann daraus dynamisch eine Seite generiert wird.

Weitere Plugins

Mit der Verwendung anderer Plugins in diesem Bereich sollten Sie vorsichtig sein. Wenn Sie die Bilder bereits im redaktionellen Workflow für die Verwendung im Web optimiert haben, dann macht es wenig Sinn, ein Plugin zu installieren, das die Bilder optimiert. Ein solches Plugin würde nur Ressourcen verbrauchen und wenig bis gar nichts bewirken.

Es gibt Plugins, die es ermöglichen, mehrere JavaScript- oder mehrere CSS-Dateien in jeweils einer Datei zusammenzufassen, um http-Aufrufe zu sparen. Unsere Erfahrung ist, dass in viel zu wenigen Fällen positive Ergebnisse erzielt werden können. Oft funktioniert diese Maßnahme nicht oder es kommt zu Fehlfunktionen auf der Website.

6.2.4 Optimierung des Servers

Sie sollten in jedem Fall eine aktuelle PHP-Version auf Ihrem Server nutzen. WordPress empfiehlt derzeit mindestens die Version PHP 7.4. Der Verbrauch des Speichers, der PHP zur Verfügung steht, wird dadurch deutlich reduziert und auch die Verkürzung der Ladezeit von schon optimierten Websites ist deutlich messbar.

Die PHP-Version, die aktuell auf Ihrem Server installiert ist, können Sie beispielsweise mit dem Tool Website-Zustand auslesen (Abschnitt 6.6.1 »Website-Zustand und -Bericht«).

6.2.5 Hilfreiche Tools und ein paar abschließende Worte

Es gibt eine ganze Reihe hilfreicher Tools, die Sie bei der Leistungsoptimierung unterstützen. Eines dieser Tools ist der Browser. Neben Chrome von Google bietet zum Beispiel auch Mozilla Firefox sehr nützliche Entwickler-Tools.

Um das Bild über die Ladezeit Ihrer Website zu vervollständigen, sind Dienste wie GTmetrix[13] und pingdom[14] sehr nützlich. Um zu sehen, ob auf einer bestimmten Website die Komprimierung (gzip, deflate) aktiviert ist, können Sie mit dem GDZip-Test[15] prüfen.

Ein weiterer nützlicher Dienst ist Page Speed Insights[16] von Google. Man sollte sich die Hinweise dieses Tools zu Herzen nehmen, aber nicht blind und ohne zu fragen und vor allem ohne abzuwägen, befolgen. Gerade der Hinweis »JavaScript- und CSS-Ressourcen blockieren das Rendering«, was das Tool oft kritisiert, ist im Nachhinein kaum zu lösen.

Viel wichtiger als das unkritische Befolgen allgemeiner Tipps, egal von welchem Tool, ist es, zu beobachten, ob eine konkrete Maßnahme auch wirklich eine Verbesserung der Ladezeit gebracht hat und ob die umgesetzte Maßnahme auch ein sinnvolles Kosten-Nutzen-Verhältnis hat: Wie viel Zeit/Geld kostet Sie diese Maßnahme, müssen Sie auf eine wichtige oder eher weniger wichtige Funktionalität verzichten etc.?

6.3 Themes individualisieren

In den seltensten Fällen belässt man ein Theme so, wie es »geliefert« wird, und so bieten zeitgemäße Themes viele Möglichkeiten, das Design anzupassen. Das fängt bei der Farbgebung für Schriften und Hintergründe an, betrifft aber auch die grundsätzliche Anordnung von verschiedenen Elementen.

Und trotz dieser Möglichkeiten gibt es weitere Wege, um ein eingesetztes Theme an seine eigenen Erfordernisse und Bedürfnisse anzupassen. Außerdem bietet WordPress die Möglichkeit, die Hilfe von Vorlagen-Designs zu nutzen, die das eingesetzte Theme ergänzen.

6.3.1 Child-Theme

Ein Child-Theme ermöglicht es Ihnen, kleine Aspekte des Erscheinungsbildes Ihrer Website zu ändern, ohne dabei das Aussehen und die Funktionalität Ihres Themes zu verändern. Um zu verstehen, wie Child-Themes funktionieren, ist es zunächst wichtig, die Beziehung zwischen Eltern- und Child-Theme zu verstehen.

---

13 *https://gtmetrix.com/*
14 *https://tools.pingdom.com/*
15 *http://www.gidnetwork.com/tools/gzip-test.php*
16 *https://developers.google.com/speed/pagespeed/insights/*

Was ist ein Eltern-Theme?

Ein Eltern-Theme ist ein vollständiges Theme, das alle erforderlichen Word-Press-Vorlagendateien und Assets enthält, damit es funktioniert. Alle Themes außer Child-Themes werden als Eltern-Themes betrachtet.

Was ist ein Child-Theme?

Ein Child-Theme erbt das Aussehen des Eltern-Themes und alle seine Funktionen, kann aber verwendet werden, um Änderungen an jedem Teil des Themes vorzunehmen. Auf diese Weise werden die Anpassungen von den Dateien des übergeordneten Themes getrennt. Mit einem Child-Theme können Sie das Eltern-Theme aktualisieren, ohne dass die Anpassungen, die Sie an Ihrer Website vorgenommen haben, überschrieben werden.

Wie man ein Child-Theme erstellt

1. Erstellen Sie einen Child-Theme-Ordner

Erstellen Sie zunächst einen neuen Ordner in Ihrem Theme-Verzeichnis, das sich unter *wp-content/themes* befindet.

Der Ordner braucht einen Namen. Oft wird empfohlen, dem Child-Theme denselben Namen wie dem Eltern-Theme zu geben, jedoch mit dem Zusatz »-child« am Ende. So ist auf den ersten Blick ersichtlich, dass es sich um ein Child-Theme handelt. Wenn Sie zum Beispiel ein Child-Theme von twentytwentyone erstellen würden, dann würde das Verzeichnis »twentytwentyone-child« heißen.

Abbildung 6.3: Child-Theme-Ordner erstellen

2. Erstellen Sie ein Stylesheet: style.css

Als Nächstes müssen Sie eine Stylesheet-Datei namens *style.css* erstellen, die alle CSS-Regeln und -Deklarationen enthält, die das Aussehen Ihres Themes bestimmen. Ihr Stylesheet muss den im folgenden Listing gezeigten Header-Kommentar ganz oben in der Datei enthalten. Dieser teilt WordPress grundlegende Informationen über das Theme mit, einschließlich der Tatsache, dass es sich um ein Child-Theme mit einem bestimmten Eltern-Theme handelt.

```
001  /*
002  Theme Name:    Twenty Twenty-One Child
003  Theme URI:     https://example.com/child/
004  Description:   Twenty Twenty-One Child Theme
005  Author:        John Doe
006  Author URI:    http://example.com
007  Template:      twentytwentyone
008  Version:       1.0.0
009  License:       GNU General Public License v2 or later
010  License URI:   http://www.gnu.org/licenses/gpl-2.0.html
011  Tags:          Block Editor Patterns, Custom Colors, Custom Logo, Custom
     Menu, Footer Widgets, One Column
012  Text Domain:   twentytwentyonechild
013  */
```

Listing 6.4: Header-Kommentar

Die folgenden Informationen sind Pflichtangaben:

- `Theme Name` – muss für Ihr Theme eindeutig sein
- `Template` – der Name des Verzeichnisses des Eltern-Themes. Das Eltern-Theme in unserem Beispiel ist das Twenty-Twenty-One-Theme, also lautet das Template »twentytwentyone«.

Fügen Sie die restlichen Informationen hinzu, sofern zutreffend. Die einzige erforderliche Datei für das Child-Theme ist die Datei *style.css*, aber die Datei *functions.php* ist notwendig, um die Stile korrekt aufzurufen.

3. Stylesheet aufrufen

Der letzte Schritt besteht darin, die Stylesheets des Eltern- und des Child-Themes aufzurufen. Der Code dafür muss in eine neu erstellte *functions.php*-Datei eingefügt werden.

```
001 <?php
002 add_action( 'wp_enqueue_scripts', 'my_theme_enqueue_styles' );
003 function my_theme_enqueue_styles() {
004     wp_enqueue_style( 'twentytwentyonechild', get_stylesheet_uri(),
005         array( 'twentytwentyone' ),
006         wp_get_theme()->get('Version') // this only works if you have
    Version in the style header
007     );
008 }
009 ?>
```

Listing 6.5: Stylesheets aufrufen

Auch diese Datei wird, wie die *style.css*, in den Ordner für das Child-Theme hochgeladen. Wer das Ganze noch etwas nutzerfreundlicher machen möchte, ergänzt auch noch die *screenshot.png*, sodass im Backend auch ein Bild des neuen Themes erscheint.

4. Child-Theme aktivieren

Nach dem Hochladen der Dateien erscheint das Theme im Backend der Word-Press-Installation und kann wie jedes andere Theme auch aktiviert werden.

5. Child-Theme anpassen

In den meisten Fällen ist es am besten, eine Kopie der Vorlagendateien des Eltern-Themes zu erstellen, die Sie ändern möchten, und dann Ihre Änderungen an den kopierten Dateien vorzunehmen. Wenn Sie beispielsweise den Code der Datei *header.php* des Eltern-Themes ändern möchten, kopieren Sie die Datei in den Ordner Ihres Child-Themes und passen sie dort an.

Sie können auch Dateien in das Child-Theme aufnehmen, die im Eltern-Theme nicht enthalten sind. So können Sie beispielsweise eine spezifischere Vorlage erstellen, als sie in Ihrem Eltern-Theme enthalten ist, z. B. eine Vorlage für eine bestimmte Seite oder ein Kategoriearchiv (z. B. würde *page-3.php* für eine Seite mit der ID 3 geladen).

Child-Theme für kommerzielle Themes

Viele Theme-Entwickler von kommerziellen Themes bieten Child-Themes zum Download an. So kann man sich einige Schritte für das Selbsterstellen eines Child-Themes sparen und die Zeit direkt in die Anpassungen investieren.

6.3.2 Vorlagen

Im Zusammenhang mit WordPress versteht man unter Vorlagen eine Gruppe von Blöcken, die gemeinsam ein Design ergeben. Dabei kann die Vorlage aus wenigen Blöcken bestehen und zum Beispiel eine Preistabelle darstellen oder aus vielen unterschiedlichen Blöcken bestehen und ein ganzes Seiten-Layout abbilden. Sie haben die Vorlagen schon in Abschnitt 3.12 »Vorlagen (Patterns)« kennengelernt.

Die Vorlagen können dabei aus dem offiziellen Verzeichnis[17] stammen, es ist aber auch möglich, sie selbst zu erstellen.

Vorlagen über den Editor einfügen

Der direkteste Weg, eine der Vorlagen aus dem offiziellen Verzeichnis auf einer eigenen Seite oder in einem eigenen Beitrag einzufügen, geht sicherlich über den Gutenberg-Editor. Dafür wählen Sie im Block-Inserter den Reiter Vorlagen.

Abbildung 6.4: Vorlagen im Block-Inserter

---

17 *https://wordpress.org/patterns/*

Hier sind alle verfügbaren Vorlagen in Kategorien sortiert, sodass man seine Suche eingrenzen kann. Im Feld darunter sieht man alle verfügbaren Vorlagen, die per Mausklick eingefügt werden können.

Wenn man auf den Button ERKUNDEN klickt, öffnet sich ein Overlay-Fenster, in dem alle Vorlagen präsentiert werden.

Abbildung 6.5: Alle Block-Vorlagen ansprechend präsentiert

Auch hier kann eine bestimmte Kategorie ausgewählt oder nach einer Block-Vorlage gesucht werden. Ein Klick auf eine Vorlage fügt diese automatisch dort ein, wo der Cursor gerade steht.

Nach dem Einfügen können solche Vorlagen dann noch angepasst werden, dadurch sind Block-Vorlagen auch eine wunderbare Inspirationsquelle für eigene Design-Entwürfe.

Vorlagen aus dem offiziellen Verzeichnis kopieren

Das offizielle Vorlagen-Verzeichnis bei *wordpress.org* bietet Ihnen die Möglichkeit, Vorlagen zu favorisieren, diese in verschiedenen Größen anzuschauen und sich dann den Code zu kopieren.

Unterhalb der Vorlagen sehen Sie den Namen, den Autor und ein kleines Favoriten-Herz. Beim Mouseover erscheint das Favoriten-Herz und die Möglichkeit, die Vorlage per Mausklick zu kopieren. WordPress-Vorlagen sind somit echte Kopiervorlagen.

Kapitel 6   Tipps für Fortgeschrittene

Klicken Sie nun solch eine Vorlage an, können Sie zusätzlich zur Option, die Vorlage zu favorisieren oder zu kopieren, auch testen, wie die Vorlage auf unterschiedlich großen Endgeräten aussieht bzw. wie und ob sie responsive ist.

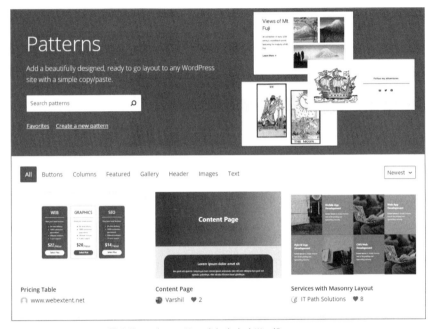

Abbildung 6.6: Das offizielle Vorlagen-Verzeichnis bei WordPress.org

Eigene Block-Vorlagen für WordPress erstellen ... mithilfe eines Plugins

Blockmeister – Block Pattern Builder

Mit dem Plugin Blockmeister – Block Pattern Builder[18] erscheint in der Menüleiste einzelner Blöcke oder aber auch mehrerer markierter Blöcke die Option ADD TO BLOCK PATTERNS.

Sobald Sie diese auswählen, können Sie der Vorlage einen Namen geben. Nach einem Neuladen erscheint die Vorlage direkt im Vorlagenverzeichnis in der Kategorie, die den Namen Ihrer Website trägt. Die Vorlage kann also unmittelbar nach dem Erstellen direkt verwendet werden.

---

18 *https://wordpress.org/plugins/blockmeister/*

234

Im WordPress-Menü finden Sie zudem den neuen Punkt BLOCK PATTERNS. Hier werden alle gespeicherten Vorlagen aufgeführt und hier können auch alle Vorlagen nachträglich bearbeitet werden.

Neben dem Inhalt können Sie hier auch den Namen der Vorlage ändern. Außerdem ist es möglich, die Kategorie zu bestimmen, in der die Vorlage erscheint, oder auch neue Kategorien zu erstellen, beim Speichern hat man diese Option nicht. Zusätzlich können Sie auch Schlagwörter vergeben, sodass eine Suche nach einer bestimmten Vorlage erleichtert wird.

CoBlocks

Das Plugin Page Builder Gutenberg Blocks – CoBlocks[19] bietet genau wie das oben beschriebene Plugin Block Pattern Builder die Möglichkeit, einzelne oder auch mehrere markierte Blöcke als Vorlagen zu speichern. In der Menüleiste erscheint dafür der zusätzliche Punkt ADD DESIGN PATTERN. Direkt beim Speichern kann man hier nicht nur einen Namen festlegen, sondern auch die Kategorie auswählen und eine Beschreibung für die Vorlage hinterlegen. Die Vorlage steht unmittelbar nach dem Speichern zur Verfügung.

Nachträglich können die Vorlagen unter dem Menüpunkt DESIGN|BLOCK-VORLA-GEN noch angepasst werden. Der große Unterschied zum Plugin Block Pattern Builder ist, dass CoBlocks noch eigene Blöcke mitbringt. Wer also ein »kleines« Plugin sucht, ist hier falsch. Benötigen Sie aber eine umfangreiche Block-Sammlung, können Sie hier zwei Fliegen mit einer Klappe schlagen.

Reusable Blocks Extended

Eine etwas andere Vorgehensweise zum Erstellen von Vorlagen bietet das Plugin Reusable Blocks Extended[20]. Mit seiner Hilfe können wiederverwendbare Blöcke in Vorlagen umgewandelt werden. Der Block kann dann sowohl als wiederverwendbarer Block als auch als Vorlage verwendet werden. Dieser Vorgang kann auch rückgängig gemacht werden.

Neben dem Umwandeln von wiederverwendbaren Blöcken zu Vorlagen können Sie mit diesem Plugin vor allen Dingen auch wiederverwendbare Blöcke verwalten. Das ist leider etwas, was bis jetzt in WordPress fehlt. Es gibt nur einen »versteckten« Umweg über bestehende Beiträge oder Seiten, um wiederverwendbare Blöcke im Nachhinein zu erreichen bzw. zu bearbeiten. Aber auch dann ist die Funktionalität nicht die, die man sich wünschen würde.

---

19 *https://wordpress.org/plugins/coblocks/*
20 *https://wordpress.org/plugins/reusable-blocks-extended/*

Wiederverwendbare Blöcke verwalten

Standardmäßig können wiederverwendbare Blöcke nur über die Werkzeugleiste im Gutenberg-Editor erreicht werden. Dort gibt es den Punkt WIEDERVERWENDBARE BLÖCKE VERWALTEN, der Sie zur URL .../wp-admin/edit.php?post_type=wp_block führt.

Der Einsatz des Plugins macht die wiederverwendbaren Blöcke zum einen als Menüpunkt im Backend sichtbar. Zum anderen bietet die Verwaltung aber gleichzeitig auch eine Liste an, in der verzeichnet ist, wo der betreffende Block verwendet wird.

Abbildung 6.7: Wiederverwendbare Blöcke können vernünftig verwaltet werden

Zusätzlich ist es möglich, die wiederverwendbaren Blöcke auch als Shortcodes zu verwenden oder sogar als PHP-Funktion in Templates. Das Plugin stellt die benötigten Codes dafür bereit.

Fazit

Der unschlagbare Vorteil des Plugins Reusable Blocks Extended liegt in der Verwaltung der wiederverwendbaren Blöcke, der Nachteil liegt darin, dass man keine Vorlagen »on the fly« erstellen kann, so wie das mit den Plugins Block Pattern Builder und CoBlocks möglich ist. CoBlocks bietet neben dieser Funktionalität viele eigene Blöcke an, während der Block Pattern Builder eher spartanisch daherkommt – was in keinem Fall als Nachteil aufgefasst werden sollte.

Eigene Block-Vorlagen für WordPress erstellen
... im Gutenberg-Editor

Wenn Sie Programmierkenntnisse mitbringen, besteht eine einfache Möglichkeit, eine Vorlage zu erstellen, darin, den Gutenberg-Editor zu nutzen. Dafür kopieren Sie den Code aus dem Gutenberg-Editor und fügen ihn in eine Funktion in der *functions.php* des Child-Themes ein. Sie bekommen den Code angezeigt, wenn Sie im Gutenberg-Editor in die Code-Ansicht umschalten. `Strg` + `Shift` + `Alt` + `M` – siehe auch Kapitel 3, Abschnitt 3.2.1 »Ansicht anpassen«.

```
001  function perun_register_philosophy() {
002     register_block_pattern(
003       'perun-philosophy-pattern',
004       array
005         'title'        => __( 'Firmenphilosophie', 'perun-theme' ),
006         'description' => __( 'Zweispaltiger Text auf Hintergrund mit
Farbverlauf.', 'Block pattern description', 'perun-theme' ),
007         'categories'  => array('text'),
008         'content'      => '<!-- wp:group {"align":"wide","style":{
"color":{"gradient":"linear-gradient(135deg,rgb(0,153,170)
0%,rgb(230,241,243) 100%)"}},"className":"is-style-twentytwentyone-
border"} -->
009  <div class="wp-block-group alignwide is-style-twentytwentyone-border
has-background" style="background:linear-gradient(135deg,rgb(0,153,170)
0%,rgb(230,241,243) 100%)"><!-- wp:spacer {"height":28} -->
010  <div style="height:28px" aria-hidden="true" class="wp-block-spacer">
</div>
011  <!-- /wp:spacer -->
012
013  <!-- wp:columns {"align":"wide"} -->
014  <div class="wp-block-columns alignwide"><!-- wp:column -->
015  <div class="wp-block-column"><!-- wp:paragraph {"style":{"typography":{
"lineHeight":"0","fontSize":"60px"}},"textColor":"dark-gray"} -->
016  <p class="has-dark-gray-color has-text-color" style="font-size:60px;
line-height:0"><strong>perun.net</strong></p>
017  <!-- /wp:paragraph -->
018
019  <!-- wp:paragraph -->
```

```
020  <p>Lorem ipsum dolor sit amet, consetetur sadipscing elitr, sed diam
     nonumy eirmod tempor invidunt ut labore et dolore magna aliquyam erat,
     sed diam voluptua. At vero eos et accusam et justo duo dolores et ea
     rebum. Stet clita kasd gubergren, no sea takimata sanctus est Lorem
     ipsum dolor sit amet.</p>
021  <!-- /wp:paragraph --></div>
022  <!-- /wp:column -->
023
024  <!-- wp:column {"width":"70vh"} -->
025  <div class="wp-block-column" style="flex-basis:70vh"><!-- wp:paragraph
     {"style":{"color":{"text":"#000000"}},"fontSize":"extra-small"} -->
026  <p class="has-text-color has-extra-small-font-size"
     style="color:#000000">Lorem ipsum dolor sit amet, consetetur sadipscing
     elitr, sed diam nonumy eirmod tempor invidunt ut labore et dolore magna
     aliquyam erat, sed diam voluptua. At vero eos et accusam et justo duo
     dolores et ea rebum. Stet clita kasd gubergren, no sea takimata sanctus
     est Lorem ipsum dolor sit amet.</p>
027  <!-- /wp:paragraph -->
028
029  <!-- wp:paragraph {"style":{"color":{"text":"#000000"}},"fontSize":"ext
     ra-small"} -->
030  <p class="has-text-color has-extra-small-font-size"
     style="color:#000000">Lorem ipsum dolor sit amet, consetetur sadipscing
     elitr, sed diam nonumy eirmod tempor invidunt ut labore et dolore magna
     aliquyam erat, sed diam voluptua. At vero eos et accusam et justo duo
     dolores et ea rebum. Stet clita kasd gubergren, no sea takimata sanctus
     est Lorem ipsum dolor sit amet.</p>
031  <!-- /wp:paragraph --></div>
032  <!-- /wp:column --></div>
033  <!-- /wp:columns --></div>
034  <!-- /wp:group -->',
035      )
036  );
037  }
038  add_action( 'init', 'perun_register_philosophy' );
```

Listing 6.6: Eine eigene Vorlage mit Code erstellen

In dem array müssen dabei nur die Angaben zum Titel und Inhalt vorgenommen werden, alle anderen sind optional:

- `title` (Pflicht): Der Titel des Blocks im Backend
- `content` (Pflicht): Der Code, den Sie aus dem Gutenberg-Editor kopiert haben und der alle notwendigen Blöcke enthält. Der Code muss von einfachen Anführungszeichen umschlossen werden (wie in dem Beispiel). Wer ihn mit doppelten Anführungszeichen umschließt, muss die Anführungszeichen im Code selbst mit einem vorangestellten Backslash ergänzen:

```
'content'    => "<!-- wp:group {\"align\":\"wide\",\"style\": [...]
```

- `description` (optional): Eine Erläuterung der Vorlage, die genutzt wird, wenn Nutzer nach einer Vorlage suchen. Der Text selbst erscheint nicht.
- `categories` (optional): Eine Auflistung aller Vorlagen-Kategorien, in der die Vorlage erscheinen soll.
- `keywords` (optional): Ein Array mit Schlagwörtern, die helfen, dass die Vorlage gefunden wird.
- `viewportWidth` (optional): Eine ganze Zahl, die die vorgesehene Breite der Vorlage angibt, um eine skalierte Vorschau zu ermöglichen.

Als Kategorien können entweder die Standard-Kategorien der bestehenden Vorlagen angegeben werden oder aber man erstellt eigene Kategorien. Das ist dann sinnvoll, wenn man mehrere Vorlagen bereitstellt und diese in einer Kategorie zusammenfassen möchte.

Um eine eigene Kategorie zu erstellen, nutzen Sie die Funktion `register_block_pattern_category()`

```
001  function perun_register_my_pattern_categories() {
002      register_block_pattern_category(
003      'perun',
004      array( 'label' => __( 'Perun-Vorlagen', 'my-plugin' ) )
005  );
006  }
007  add_action( 'init', 'perun_register_my_pattern_categories' );
```

Listing 6.7: Kategorie für die Vorlage festlegen

Den Code des Blocks selbst haben wir angepasst, sodass der Block nun in der Kategorie »Text« erscheint, aber auch in der neuen Kategorie »Perun-Vorlagen«:

```
'categories'  => array('text', 'perun')
```

Eigene Blöcke eignen sich somit optimal dafür, komplexe Block-Gruppen in einer Vorlage (Pattern) zusammenzufassen und diese immer »griffbereit« zu haben. Sie können nach dem Einfügen dennoch angepasst werden, ohne dass sich an der Vorlage etwas ändert.

Eigene Block-Vorlagen für WordPress erstellen ... als PHP-Datei

Eigene Vorlagen können auch als PHP-Datei im genutzten Child-Theme gespeichert werden.

Zunächst einmal muss im Child-Theme ein Unterordner mit dem Namen *patterns* erstellt werden. Das funktioniert sowohl mit »klassischen« Themes als auch mit Block-Themes. In diesen Ordner wiederum kommen dann die PHP-Dateien mit jeweils einer Vorlage.

Die php-Datei enthält dann im Header einige Basis-Informationen zur Vorlage:

```
001  <?php
002  /**
003   * Title: [[Titel, der im Gutenberg-Editor sichtbar ist]]
004   * Slug: theme-slug/pattern-slug
005   * Categories: [[Kategorie(n), in denen die Vorlage gelistet werden
     soll]]
006   * Description: [[Beschreibung der Vorlage]]
007   * Keywords: [Stichworte, mit denen die Vorlage bei der Suche gefunden
     wird]]
008   * Block Types: [[Enthaltene Blöcke]]
009   */
010  ?>
```

Listing 6.8: Basis-Informationen für eine Vorlage (Blanko)

Die mit eckigen Klammern umfassten Inhalte müssen je nach Vorlage angepasst werden, konkret könnte das dann so aussehen:

```
001  <?php
002  /**
003   * Title: Autoren
004   * Slug: twentytwentytwo/autoren-vorlage
005   * Categories: text, columns
006   * Description: Zwei Autoren und ihre aktuellsten Beiträge
```

```
007  * Keywords: autor, beiträge
008  * Block Types: core/image, core/heading, core/latest-posts
009  */
010  ?>
```

Listing 6.9: Basis-Informationen für eine Vorlage

Nun muss darunter noch die eigentliche Vorlage eingefügt werden. Das funktioniert am besten, wenn man zunächst die Vorlage im Gutenberg-Editor erstellt und dann den Code mit Copy&Paste in die php-Datei einfügt. Am einfachsten kopieren Sie die Vorlage über ANSICHT ANPASSEN|KOMPLETTEN INHALT KOPIEREN. Es ist aber natürlich auch möglich, nur ausgewählte Blöcke zu kopieren und dann in das Vorlagen-Dokument einzufügen.

Nun muss die Vorlagen-Datei nur noch in den *patterns*-Ordner des Child-Themes hochgeladen werden.

6.4 Beiträge und Seiten erstellen

Abseits vom Design und der Funktionalität Ihrer Website sollten Sie auch ein großes – wenn nicht vielleicht das größte – Augenmerk auf die Erstellung der Inhalte legen. Im Folgenden möchten wir Ihnen einige Tipps mit auf den Weg geben, wie Sie das Schreiben effizienter und angenehmer gestalten können.

6.4.1 Schneller Entwurf

Die Box »Schneller Entwurf« auf dem Dashboard kann verwendet werden, um Beiträge oder Ideen »schnell« zu notieren.

Es fehlt allerdings ein »vollständiger« Editor, das heißt, es gibt keine Möglichkeit, den Text zu formatieren. Es ist auch nicht möglich, eine Formatvorlage oder eine Kategorie auszuwählen, und auch Schlagwörter können nicht vergeben werden. Ein auf diese Weise geschriebener Beitrag kann nur als Entwurf gespeichert und nicht direkt veröffentlicht werden.

In der Praxis eignet sich dieses Modul, um schnell eine Idee für einen Artikel zu notieren, die später vor der Veröffentlichung des fertigen Beitrags überarbeitet werden kann.

Sie erhalten hier zudem eine Übersicht über Ihre letzten Entwürfe.

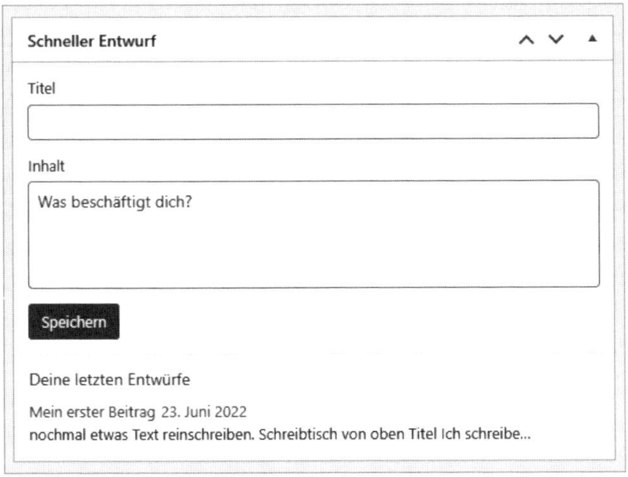

Schneller Entwurf   ∧ ∨ ▲

Titel

Inhalt

Was beschäftigt dich?

Speichern

Deine letzten Entwürfe

Mein erster Beitrag 23. Juni 2022
nochmal etwas Text reinschreiben. Schreibtisch von oben Titel Ich schreibe...

Abbildung 6.8: Schneller Entwurf

6.4.2 Links einfügen

Texte können nicht nur über den entsprechenden Button in der Werkzeugleiste verlinkt werden. Es reicht, wenn Sie die Ziel-URL, also den Link, kopieren (Strg + C) bzw. in die Zwischenablage einfügen, dann den entsprechenden Textabschnitt markieren und im Kontextmenü die Option Einfügen (Strg + V) wählen. Die Verlinkung wird dann automatisch eingefügt.

6.4.3 Sonderzeichen einfügen

Wenn Sie beim Verfassen von Inhalten häufig Sonderzeichen einfügen, werden Sie sich über die Möglichkeit freuen, dies innerhalb des Gutenberg-Editors zu tun. Mithilfe des Plugins Insert Special Characters[21] können Sie Sonderzeichen während des Verfassens von Texten einfügen.

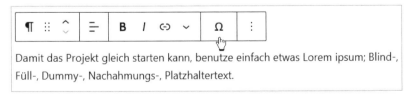

Abbildung 6.9: Sonderzeichen einfügen

---

21 *https://wordpress.org/plugins/insert-special-characters/*

Mit der Tastenkombination `Strg` + `O` können Sie die möglichen Sonderzeichen auch direkt öffnen und dann auswählen. Es gibt Sonderzeichen aus den Bereichen Mathematik, Währung, Zeichensetzung, griechische und lateinische Zeichen, Pfeile, Musik und Sonstige.

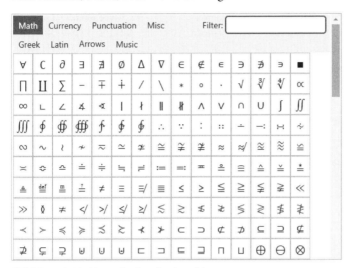

Abbildung 6.10: Liste mit allen Sonderzeichen

6.4.4 Tastaturkürzel

Der Gutenberg-Editor bietet Ihnen auch eine Reihe von Tastaturkürzeln. Diese unterteilen sich in globale Tastaturkürzel, Auswahl- und Block-Tastaturkürzel sowie Tastaturkürzel für Textformatierungen.

Mit der Tastenkombination `Shift` + `Alt` + `H` können Sie sich eine Liste der Tastaturkürzel anzeigen lassen. Sie erreichen die Liste auch über das Menü Ansicht anpassen.

6.4.5 HTML-Anker – bestimmte Textstellen anspringen

Was ist eigentlich ein HTML-Anker?

In der Schifffahrt dienen Anker dazu, dass ein Schiff an einem Ort bleibt. Wenn man möchte, dass etwas z. B. im Gedächtnis oder erhalten bleibt, spricht man auch von »verankern«. Im Website- bzw. HTML-Kontext meint man mit »Anker setzen« oder »auf einen Anker verweisen« allerdings etwas anderes. Man möchte zwei Dinge verknüpfen bzw. verlinkt von einer Stelle an eine andere, sodass der Besucher der Website ohne Umwege an eine andere Stelle »hüpfen« kann. HTML-Anker werden deswegen auch als »Sprungmarken« bezeichnet.

Mit einem HTML-Anker erstellt man ein Sprungmarkenziel und verlinkt dann an anderer Stelle nicht auf eine ganze URL, sondern auf das vorher definierte Sprungziel innerhalb einer Webseite. Der Leser muss so nicht erst bis zum gewünschten Absatz hinunterscrollen, sondern landet direkt dort, wo ihn der Autor hinschickt.

In der Praxis werden HTML-Anker oft auf sogenannten *One-Pagern* eingesetzt, damit die Besucher einer Website schnell zum gewünschten Unterpunkt (auch Sektion) navigieren können. Auch Inhaltsverzeichnisse am Beginn einer Seite werden mit HTML-Ankern realisiert.

One-Pager

Ein One-Pager oder eine One-Page-Website ist eine Internetpräsenz, die sich ausschließlich auf einer Seite befindet.

Anker setzen

Um nun solch eine Sprungmarke bzw. solch ein Sprungziel zu definieren, bieten die Blöcke bei den erweiterten Einstellungen ein Textfeld mit dem Namen »HTML-Anker«.

Abbildung 6.11: Hier kann ein HTML-Anker festgelegt werden.

In dieses Textfeld können Sie einen möglichst aussagekräftigen Begriff eintragen, wobei die folgenden Regeln gelten:

- Der HTML-Anker muss eindeutig zuordenbar sein, er darf nur einmal pro Seite verwendet werden.
- Der HTML-Anker beachtet die Groß- und Kleinschreibung
- Der HTML-Anker kann die folgenden Symbole enthalten: Bindestrich (-), Unterstrich (_), Doppelpunkt (:), Punkt (.). Leerzeichen sind nicht erlaubt.
- Der HTML-Anker muss mit einem Buchstaben beginnen.

Ein möglicher HTML-Anker könnte also projekte oder kontakt lauten, wenn Sie auf einem One-Pager zu einem bestimmten Abschnitt verlinken möchten. Dabei handelt es sich um eine ID, also eine eindeutig zuordenbare Kennung, die es auch nur einmal geben darf. In diesem Fall hier also

```
<h3 id="projekte">Projekte</h3>
```

und

```
<h3 id="kontakt">Kontakt</h3>
```

Auf einen Anker verweisen

Möchten Sie nun an einer anderen Stelle auf die eben gesetzten Anker verweisen, müssen Sie dorthin verlinken. Verlinken kann man dabei Text, aber auch Buttons oder andere Seitenelemente.

Man muss dabei unterscheiden, ob man auf einen Anker verweist, der sich auf der gleichen Seite bzw. im gleichen Beitrag, also im gleichen HTML-Dokument, befindet oder aber auf einen Anker in einem anderen HTML-Dokument, also auf einer anderen Seite oder in einem anderen Beitrag. Befindet sich der HTML-Anker bzw. das Sprungziel auf der gleichen Seite, wird die Verlinkung dorthin mit einer Raute (#) vor der ID angesteuert.

Abbildung 6.12: Verlinkung zu einem Anker auf der gleichen Seite

Im Code der Seite sieht solch ein Link dann so aus:

```
<a href="#projekte">Projekte</a>
```

Befindet sich das Ziel der Sprungmarke bzw. der HTML-Anker jedoch auf einer anderen Seite, müssen Sie dies bei der Eingabe der Adresse im Link mit einbeziehen. Der Link würde dann so lauten:

```
<a href=" https://www.perun.net/beitrag/#projekte">Projekte</a>
```

HTML-Anker suchen und finden

HTML-Anker werden in der Listenansicht angezeigt. Man muss also im Falle eines Falles Beiträge oder Seiten nicht mühsam durchsuchen, ob, und wenn ja, wo sich HTML-Anker befinden.

6.4.6 QuickEdit

Es ist möglich, fast alle Einstellungen, die einen Beitrag oder eine Seite betreffen, nachträglich zu ändern, ohne den Beitrag oder die Seite erneut zu öffnen. Gehen Sie dazu auf den Menüpunkt BEITRÄGE|ALLE BEITRÄGE bzw. SEITEN|ALLE SEITEN.

Wenn Sie nun mit der Maus über einen Titel fahren, erscheinen die folgenden Links:

- **Bearbeiten:** Hiermit gelangen Sie zum eigentlichen Beitrag/der Seite und können Änderungen inhaltlicher Art vornehmen.

- **QuickEdit:** Klicken Sie diesen Link an, so öffnet sich ein Bearbeitungsfenster, das es Ihnen erlaubt, kleine Änderungen schnell und unkompliziert vorzunehmen.

- **Papierkorb:** Hiermit wird der Beitrag/die Seite in den Papierkorb verschoben.

- **Anschauen:** Der Beitrag/die Seite wird Ihnen angezeigt.

Abbildung 6.13: Der QUICKEDIT-Link erscheint bei jedem Beitrag oder jeder Seite.

Wenn Sie den Link QuickEdit anklicken, öffnet sich der QuickEdit-Bereich und Sie können verschiedene Angaben bearbeiten.

Abbildung 6.14: Der QuickEdit-Bereich

Dazu zählen u. a. Titel, Titelform, Datum der Veröffentlichung, Autor, Passwortschutz, Kategorie, Schlagwörter und ob Kommentare erlaubt sind.

Um mehrere Beiträge oder Seiten zu bearbeiten, markieren Sie die entsprechenden Einträge auf der Übersichtsseite mit einem Häkchen. Wählen Sie dann Bearbeiten aus dem Dropdown-Feld über der Liste und klicken Sie auf die Schaltfläche Übernehmen. Es öffnet sich ein Feld, in dem die zu bearbeitenden oder auszuwählenden Einträge aufgelistet sind.

Bei der Massenbearbeitung müssen jedoch Kompromisse eingegangen werden. So ist es beispielsweise möglich, ein bestimmtes Schlagwort mehreren Beiträgen gleichzeitig zuzuordnen, aber nicht, es wieder zu entfernen. Außerdem werden bereits zugewiesene Schlüsselwörter nicht angezeigt. Das Gleiche gilt für die Kategorie.

6.5   Barrierefreie Website

Eine barrierefreie WordPress-Website sollte eine Selbstverständlichkeit sein, aber manchmal muss man sich vergegenwärtigen, was das genau bedeutet und warum es so wichtig ist.

6.5.1   Warum ist eine barrierefreie WordPress-Website wichtig?

Eine barrierefreie WordPress-Website ist deswegen so wichtig, damit die Inhalte, die man transportieren, oder das Angebot, das man bieten möchte, möglichst viele Menschen erreicht. Dabei ist es so, dass Barrierefreiheit meist nicht nur der eigentlichen Zielgruppe zugutekommt, sondern letztlich allen. So sind abgesenkte Bordsteinkanten nicht nur für Rollstuhlfahrer wichtig und hilfreich, sondern auch für Kinderwagen oder Menschen, die auf einen Rollator angewiesen sind.

Im Zusammenhang mit Websites ist es zunächst einmal wichtig, festzustellen, welche Kriterien eine Website erfüllen muss, damit sie sich barrierefrei nennen kann oder darf.

> **Barrierefreies Frontend**
>
> Es geht in diesem Abschnitt ausschließlich um die Barrierefreiheit von WordPress-Websites für die Besucher dieser Website, also nicht um die Barrierefreiheit für Autoren, Redakteure oder Admins einer WordPress-Website.

6.5.2   Was bedeutet »barrierefreie Website«?

Zunächst einmal bedeutet barrierefrei, dass die Website ohne Einschränkung von jedem genutzt werden kann. Auch Menschen mit Einschränkungen des Hörens, Sehens oder der motorischen Fähigkeiten müssen in der Lage sein, die Website bzw. ihre Inhalte zu konsumieren oder aber auch damit zu interagieren (navigieren, kommentieren, Formulare ausfüllen etc.). Das Gleiche gilt auch für Menschen mit eingeschränkten technischen Möglichkeiten.

Um zu prüfen, ob eine Website barrierefrei ist, gibt es einige Kriterien, die man im Auge behalten sollte.

- **Schrift und Kontrast** – Im Idealfall sollten die Schrift und auch Abstände skalierbar sein. Der Kontrast muss hoch genug sein, damit auch Menschen mit Sehbehinderung alle Texte gut lesen können.

- **Aussagekräftige Struktur** – Die Struktur der Website sollte logisch aufgebaut sein. Überschriften sollten auch als solche ausgezeichnet werden. Nur so können Screenreader und damit die Nutzer von Screenreadern die korrekte Logik und den Aufbau von Texten erfassen. Überschriften sollten daher als Überschrift deklariert werden und nicht als hervorgehobener Text, dessen Schriftgröße erhöht wurde.

- **Bild-Texte** – Bild-Texte werden von Screenreadern erfasst. Bilder, die inhaltlich wichtig sind, sollten also entsprechende Alt-Texte erhalten. Bilder, die nur der Dekoration dienen, sollten keine Alt-Texte erhalten.

- **Link-Texte** – Link-Texte sollten aussagekräftig sein. Screenreader ermöglichen es den Nutzern, von Link zu Link zu »springen«. Die vorgelesenen Texte sollten im Idealfall selbsterklärend sein.

- **Interaktive Schaltflächen per CSS** – Interaktive Schaltflächen wie z. B. Menülinks in der Navigation sollten per CSS gestaltet werden. Nur so sind sie auch bei technischer Einschränkung nutzbar.

- **JavaScripte nur als Erweiterung** – JavaScripte zur Steuerung von Inhalten sollten ausschließlich als Erweiterung dienen und nicht grundlegende Funktionalitäten für eine Website bereitstellen. Ein Navigationsmenü, das nur mit JavaScript funktioniert, schließt Besucher aus und macht die Website so unzugänglich.

Und die gute Nachricht ist, dass WordPress für die Einhaltung vieler dieser Punkte schon das nötige Werkzeug mitliefert.

Schrift und Kontrast

WordPress liefert bei Text-Blöcken, bei denen man die Farben festlegen kann, schon selbst einen Hinweis, wenn der Kontrast zwischen Text- und Hintergrundfarbe nicht hoch genug ist.

Abbildung 6.15: WordPress weist auf fehlenden Kontrast hin.

Achten Sie also darauf, diesen Warnhinweis ernst zu nehmen, und passen Sie entweder die Text- oder die Hintergrundfarbe entsprechend an.

Wenn man die Schriftgröße einstellt, kann man zwischen einer festen Größe (px) sowie relativen Größen (em und rem) wählen. Mit relativen Schriftgrößen werden die Browser-Einstellungen des Nutzers berücksichtigt, etwa eine größere Standardschriftgröße. So können auch sehbehinderte Menschen Websites ohne Einschränkung betrachten.

Abbildung 6.16: Schriftgröße einstellen

Aussagekräftige Struktur

Beim Lesen von Texten tendiert man dazu, einen Text zunächst einmal zu überfliegen. Anhand der Überschriften und hervorgehobener Textstellen versuchen wir, Teile des Inhalts zu erfassen. Sind Überschriften aber nicht als solche ausgezeichnet, werden sie von Screenreadern auch nicht als solche erfasst. Die Struktur eines Textes zu erfassen, ist somit unmöglich.

WordPress liefert mit der Detail-Ansicht oberhalb des Editors einen guten Hinweis auf die aussagekräftige Struktur bzw. die Gliederung von Texten (Abbildung 6.17).

Abbildung 6.17: Die Details liefern wertvolle Hinweise auf die Struktur eines Textes.

Es ist also empfehlenswert, schon während des Verfassens von Texten die Details, insbesondere die Gliederung, zu beachten. Sollte es Fehler in der Struktur geben, wird Ihnen auch dies hier angezeigt.

Bild-Texte

Aussagekräftige Bild-Texte bzw. Alt-Texte (Alternativer Text) sind besonders dann notwendig, wenn ein Bild das Geschriebene nicht nur »dekoriert«, sondern auch etwas darstellt. Screenreader lesen Alt-Texte vor, sie sind somit – im Gegensatz zu Bildern – Teil des Inhalts. In WordPress können Alt-Texte für jedes Bild beim Einfügen des Bild-Blocks in den erweiterten Einstellungen verfasst werden oder schon vorher in der Mediathek.

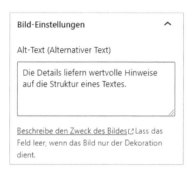

Abbildung 6.18: Aussagekräftige Alt-Texte können in den Bild-Einstellungen verfasst werden.

Sonstiges

Auf aussagekräftige **Link-Texte** muss jeder Autor beim Erstellen von Beiträgen achten. Dass **interaktive Schaltflächen nur mit CSS gestaltet** und **JavaScripte nur für ergänzende Inhalte** und nicht für essenzielle Funktionen genutzt werden, das muss der Website-Betreiber bzw. der Programmierer/Webdesigner/Webworker schon beim Erstellen einer Website bedenken. Das heißt, schon bei der Auswahl des WordPress-Themes sollten Sie darauf achten, dass essenzielle Funktionen nicht durch körperliche oder technische Einschränkungen auf Seiten der Besucher der Website nicht nutzbar sind.

6.5.3 Hilfreiche Plugins

Grundsätzlich muss man sich die Frage stellen, ob der Einsatz von Plugins notwendig ist, wenn es um grundsätzliche Barrierefreiheit geht. Berücksichtigt man die oben genannten Punkte, sollten keine zusätzlichen Plugins notwendig sein, da viele Techniken auch von den Browsern beherrscht werden.

WordPress selbst bietet im Accessibility Handbook[22] weiterführende Hinweise für die Erstellung einer barrierefreien WordPress-Website.

Nutzt man allerdings ein Theme, dessen Autoren während der Entwicklung wenig Augenmerk auf Barrierefreiheit gelegt haben, kann das Plugin WP Accessibility[23] helfen. Mit diesem Plugin können Themes barrierefreier gestaltet werden, da die folgenden Features aktiviert werden können:

- Hinzufügen von Sprunglinks mit benutzerdefinierten Zielen (anpassbare Ziele und Aussehen)
- Sprach- und Textrichtungsattribute zum HTML-Attribut hinzufügen, falls diese fehlen
- Einen Umriss des Tastaturfokus für fokussierbare Elemente hinzufügen.
- Eine lange Beschreibung zu Bildern hinzufügen mithilfe des Felds »Beschreibung« des Bildes
- Einfordern von alt-Attributen für Bilder im Classic-Editor
- Identifizierung von Bildern ohne alt-Attribute in der Medienbibliothek
- Hinzufügen von Beschriftungen zu Standard-WordPress-Formularfeldern (Suche, Kommentare)
- Hinzufügen von Beitragstiteln zu »Mehr lesen«-Links
- Entfernen des Tabindex von Elementen, die fokussierbar sind (Behebt auch durch Plugins verursachte Probleme)
- Entfernen von `user-scalable=no`, um die Größenänderung der WordPress-Seite zu ermöglichen

6.6   Weitere Tipps und Tools

6.6.1 Website-Zustand und -Bericht

Um die Sicherheit, Stabilität und Leistung von WordPress-Installationen zu erhöhen oder um sie schneller analysieren zu können, gibt es ein Tool: den Website-Zustand. Sie rufen es über das Menü WERKZEUGE|WEBSITE-ZUSTAND oder über den Link *Website-Zustand* im entsprechenden Modul auf dem Dashboard auf. Hier erfahren Sie, wie es um Ihre WordPress-Installation bestellt ist, und erhalten gleichzeitig Hinweise auf eventuellen Handlungsbedarf.

---

22 *https://make.wordpress.org/accessibility/handbook/*
23 *https://wordpress.org/plugins/wp-accessibility/*

Abbildung 6.19: Zustand der Website auf einen Blick

Gleichzeitig können im Bereich »Bericht« grundlegende Informationen über die WP-Installation abgerufen werden.

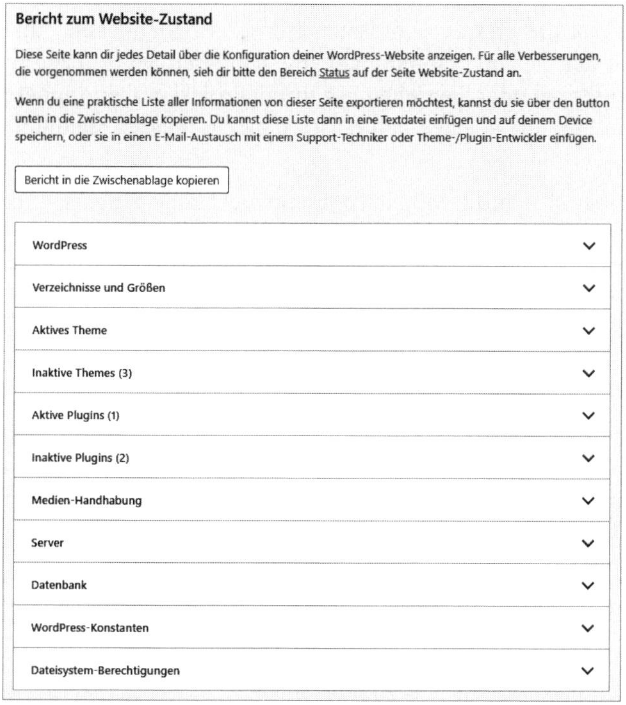

Abbildung 6.20: Bericht zum Website-Zustand

Dort finden Sie Daten zu WordPress selbst, u. a. die folgenden Informationen:

- Installierte Version
- Sprache
- URL
- Permalinkstruktur
- Registrierte Nutzer

Es gibt aber auch Infos zum Server, u. a.

- PHP-Version
- PHP Memory Limit

sowie zur Datenbank und zu den Benutzerrechten auf dem FTP-Server.

Das Gute daran ist, dass man all diese Daten in die Zwischenablage kopieren kann, sodass man sie im Fall der Fälle zur Hand hat.

6.6.2 Mit einer WP-Installation umziehen

Beim Umzug einer Website gibt es grundsätzlich zwei Möglichkeiten. Entweder Sie ziehen mit der gleichen Domain auf einen anderen Server bzw. zu einem anderen Provider um oder Sie ziehen mit Ihrem Projekt auf eine andere Domain um. Je nachdem, um welchen Fall es sich handelt, müssen Sie unterschiedlich vorgehen.

Selbstverständlich gibt es auch die Möglichkeit, entsprechende Plugins, z. B. All-in-One WP Migration[24] oder Duplicator – WordPress Migration Plugin[25] zu nutzen, die Ihnen einen Teil der im Folgenden beschriebenen Schritte abnehmen. Damit Sie aber alles nachvollziehen können, haben wir hier die »manuellen« Vorgehensweisen beschrieben.

Umzug mit gleicher Domain

Für den Umzug auf einen anderen Server müssen Sie alle Inhalte als Backup sichern, aber auch alle Dateien des Ordners *wp-content*, denn hier befinden sich z. B. alle Plugins, Themes und Uploads. Ein geeignetes Plugin für ein Backup haben wir Ihnen in Kapitel 5 vorgestellt.

Danach installieren Sie WordPress auf dem neuen Server und überschreiben den Ordner *wp-content* mit Ihrem Backup. Laden Sie außerdem Ihre Siche-

---

24 *https://wordpress.org/plugins/all-in-one-wp-migration/*
25 *https://wordpress.org/plugins/duplicator/*

rungsdatei über Extras|Daten importieren hoch. Achten Sie bei diesem Schritt darauf, dass der *Ordner wp-content/uploads/* nicht schreibgeschützt ist.

Beim Hochladen der Datei werden Sie gefragt, wie Sie mit den Inhalten der verschiedenen Autoren verfahren wollen. Hier haben Sie drei Möglichkeiten:

1. Sie importieren den »kompletten« Benutzer, einschließlich Rolle und Beiträge.

2. Sie importieren den Inhalt und weisen ihn einem neuen Benutzer zu.

3. Sie importieren den Inhalt und weisen ihn einem bestehenden Benutzer zu.

Darüber hinaus können Sie auch Anhänge zu den Beiträgen und Seiten hochladen, d. h. Bilder und andere Dateien. Hier holt ein Skript die Dokumente vom ursprünglichen Server und lädt sie auf den neuen Server hoch. Falls Sie aber die Bilder und Dateien, die sich im *Ordner wp-content/uploads* befinden, bereits in einem früheren Schritt selbst auf den neuen Server hochgeladen haben und sich die Pfade (gleiche Domain) auch nicht ändern, können Sie diesen Schritt überspringen.

Nach dem Importvorgang müssen noch die Einstellungen (z. B. Permalinks, Plugins etc.) angepasst werden.

Umzug zu einer anderen Domain

Wenn Sie Ihr Projekt zu einer anderen Domain umziehen wollen, besteht der einzige Unterschied zum zuvor beschriebenen Umzug mit derselben Domain darin, dass Sie die Exportdatei vor dem Import in das neue Weblog kurz mit einem Texteditor bearbeiten müssen.

Dabei müssen Sie alle Einträge von *www.alte-url.de* durch *www.neue-url.de* ersetzen. Warum ist das notwendig? WordPress speichert alle internen Links innerhalb des Blogs – egal ob zu Beiträgen oder z. B. Bildern – als absolute Pfade. Sie können die Bilder und andere Dokumente im Rahmen des Importprozesses auf den neuen Server hochladen, aber die internen Links zu den anderen Beiträgen bleiben leider bei der alten Domain.

Indem Sie sie in einem Texteditor bearbeiten, geben Sie allen internen Links die neue Domain, und das erspart Ihnen auch den Import von Anhängen, der je nach Anzahl und Größe sehr lange dauern kann. Danach müssen Sie die gleichen Einstellungen wie beim Umzug mit der gleichen Domain vornehmen (Permalinks, Plugins etc.).

6.6.3 wp-config.php – die Konfigurationsdatei

Die gängigen Angaben in der Konfigurationsdatei von WordPress (*wp-config.php*), die während der Installation getätigt werden, sind die Angaben zur Datenbank. Enthalten sind aber auch Sicherheitsschlüssel und Angaben zur Sprache.

```php
<?php
/**
 * Grundeinstellungen für WordPress
 *
 * Diese Datei wird zur Erstellung der wp-config.php verwendet.
 * Du musst aber dafür nicht das Installationsskript verwenden.
 * Stattdessen kannst du auch diese Datei als „wp-config.php" mit
 * deinen Zugangsdaten für die Datenbank abspeichern.
 *
 * Diese Datei beinhaltet diese Einstellungen:
 *
 * * Datenbank-Zugangsdaten,
 * * Tabellenpräfix,
 * * Sicherheitsschlüssel
 * * und ABSPATH.
 *
 * @link https://wordpress.org/support/article/editing-wp-config-php/
 *
 * @package WordPress
 */

// ** Datenbank-Einstellungen - Diese Zugangsdaten bekommst du von deinem Webhoster. ** //
/**
 * Ersetze datenbankname_hier_einfuegen
 * mit dem Namen der Datenbank, die du verwenden möchtest.
 */
define( 'DB_NAME', 'datenbankname_hier_einfuegen' );

/**
 * Ersetze benutzername_hier_einfuegen
 * mit deinem Datenbank-Benutzernamen.
 */
define( 'DB_USER', 'benutzername_hier_einfuegen' );

/**
 * Ersetze passwort_hier_einfuegen mit deinem Datenbank-Passwort.
 */
define( 'DB_PASSWORD', 'passwort_hier_einfuegen' );

/**
 * Ersetze localhost mit der Datenbank-Serveradresse.
 */
define( 'DB_HOST', 'localhost' );
```

Abbildung 6.21: Auszug aus der wp-config.php

Aber die *wp-config.php* unterstützt darüber hinaus ein ganzes Arsenal von Angaben. Im Folgenden möchten wir Ihnen einige vorstellen. Eine vollständige Übersicht gibt es bei *wordpress.org*.[26]

Arbeiten mit der wp-config.php

Um die *wp-config.php* zu bearbeiten, müssen Sie sich die Datei mit einem FTP-Programm herunterladen. Anschließend öffnen Sie sie mit einem Text-Editor oder besser noch mit einem Code-Bearbeitungsprogramm. Auf keinen Fall darf die Datei mit einem Textverarbeitungsprogramm, wie z. B. Word, geöffnet werden. Nach dem Bearbeiten und Sichern laden Sie sie wieder auf den Server hoch und überschreiben die ursprüngliche Datei.

Grundsätzlich sollten Sie sich vorher noch eine Sicherungskopie der Datei anlegen, damit Sie im Zweifelsfall ein Backup haben, das Sie wieder hochladen können.

- **Automatische Speicherung der Artikel modifizieren**

  Mit folgendem Code gibt man an, nach wie vielen Sekunden der Artikel automatisch gespeichert wird, und beeinflusst somit die Standardeinstellung von WordPress:

  ```
  define('AUTOSAVE_INTERVAL', 120 );
  ```

- **Artikel-Versionisierung beeinflussen**

  Der folgende Code legt fest, wie viele Speicherstände WordPress anlegen soll:

  ```
  define('WP_POST_REVISIONS', 5);
  ```

  Möchte man die Versionisierung der Artikel deaktivieren, weil die Datenbank schnell anwächst, dann muss man folgende Angabe in die *wp-config. php* eingeben:

  ```
  define('WP_POST_REVISIONS', false );
  ```

---

26 *https://developer.wordpress.org/apis/wp-config-php/*

- **Die Papierkorb-Funktion beeinflussen**

  Artikel, Seiten und Kommentare werden nicht direkt gelöscht, sondern wandern in den Papierkorb. Mit folgendem Code gibt man an, nach wie vielen Tagen der Papierkorb automatisch geleert werden soll:

  ```
  define('EMPTY_TRASH_DAYS', 21 );
  ```

  Soll der Papierkorb deaktiviert werden, müssen Sie folgende Angabe tätigen:

  ```
  define('EMPTY_TRASH_DAYS', 0 );
  ```

  Standardmäßig löscht WordPress die Inhalte des Papierkorbs nach 30 Tagen.

- **Speicher für PHP erhöhen**

  Sollte der Speicher, der für PHP-Anwendungen reserviert ist, nicht ausreichen, dann kann man diesen erhöhen, zum Beispiel so:

  ```
  define('WP_MEMORY_LIMIT', '64M');
  ```

  Die Zahl bezieht sich auf die Anzahl von MBytes, in unserem Beispiel würden wir den Speicher auf 64 Megabyte erhöhen. Diese Erhöhung betrifft allerdings nur WordPress, andere PHP-Anwendungen profitieren hiervon nicht.

- **Datenbanktabellen reparieren**

  Mit einer Eintragung in der Datenbank kann sogar die WordPress-eigene Funktion, beschädigte Tabellen der Datenbank zu reparieren, aktiviert werden.

  ```
  define('WP_ALLOW_REPAIR', true);
  ```

  Nach dieser Ergänzung in der *wp-config.php* ruft man seine Website mit der folgenden URL-Ergänzung auf und folgt dann den Anweisungen:

  ```
  ../wp-admin/maint/repair.php
  ```

6.6.4 Fehler finden mit dem Debug-Modus

Wieso funktioniert ein bestimmtes Plugin nicht so, wie es soll? Weshalb ist die Darstellung auf einmal fehlerhaft, warum stimmt hier etwas nicht, und vor allen Dingen die große Frage: Was ist die Ursache?

In den meisten Fällen hängen solche Fehler mit Plugins zusammen. Das kann zum einen der Konflikt eines Plugins mit einem anderen Plugin sein oder zum anderen mit einer neu installierten WordPress-Version. Es kann aber auch ein Konflikt mit dem genutzten Theme vorliegen. Bei schwerwiegenden Fehlern ist das Problem meist in Form einer Warnmeldung direkt sichtbar, aber bei vielen Fehlern ist dies nicht der Fall und man müsste sich erst mühsam durch alle installierten Plugins »wühlen«, um den Übeltäter zu finden.

Deutlich schneller geht dies mit dem Debug-Modus.

Debugger

Ein Debugger (von engl. *de-* (Präfix; dt. ent-, aus-) im Sinne von »entfernen« und engl. *bug* im Sinne von »Programmfehler«) ist ein Werkzeug zum Diagnostizieren und Auffinden von Fehlern in Computersystemen, dabei vor allem in Programmen, aber auch in der für die Ausführung benötigten Hardware. Debugging bezeichnet die Tätigkeit, solche Fehler zu diagnostizieren und aufzufinden, sei es unter Verwendung eines Debuggers oder anderer Methoden. (Quelle: Wikipedia[27])

Debug-Modus aktivieren

Die Steuerung bzw. Aktivierung des Debug-Modus funktioniert über die *wp-config.php*, die im Hauptverzeichnis der WordPress-Installation liegt.

Hier finden Sie die Zeile

```
define( 'WP_DEBUG', false );
```

Wie man sieht, ist der Debug-Modus standardmäßig deaktiviert. Um ihn zu aktivieren, ändert Sie den Wert false zu true

```
define( 'WP_DEBUG', true );
```

---

27 *https://de.wikipedia.org/wiki/Debugger*

Wenn Sie die *wp-config.php* nun mit aktiviertem Debug-Modus wieder auf den Server hochgeladen haben, werden (falls vorhanden) Fehler im Frontend angezeigt. Für eine kurze Weile und für eine Testseite oder eine Seite, die sich noch im Aufbau befindet, also nicht öffentlich zugänglich ist, ist dies sicherlich eine Möglichkeit. Besser ist es jedoch, den Code in der *wp-config.php* noch zu erweitern, sodass die Fehler nicht mehr im Frontend angezeigt werden.

Dies geht mit der Zeile:

```
define( 'WP_DEBUG_LOG', true );
```

Hiermit wird die Fehlermeldung nämlich in einer LOG-Datei gespeichert, sodass man sich die Datei herunterladen und in Ruhe analysieren kann. Standardmäßig befindet sich die Datei im Ordner *wp-content* und heißt *debug.log*.

Wer es individueller mag, kann Pfad und Dateinamen gerne anpassen, z. B. so:

```
define( 'WP_DEBUG_LOG', '/tmp/wp-errors.log' );
```

Damit der Code nicht mehr im Frontend ausgegeben wird, ist folgende Ergänzung sinnvoll:

```
define( 'WP_DEBUG_DISPLAY', false );
```

Hiermit wird die HTML-Anzeige gesteuert. Ist sie deaktiviert, erfolgt keine Ausgabe im Frontend bzw. HTML der Website. Standardmäßig ist diese Anzeige aktiviert.

Sowohl WP_DEBUG_LOG als auch WP_DEBUG_DISPLAY funktionieren nur bei aktiviertem Debug-Modus!

Die Meldungen des Debug-Modus sind für Laien manchmal nicht ganz einfach zu verstehen, aber meist geben sie doch einen Hinweis auf den Verursacher. So kann man sich das mühsame Nacheinander Aktivieren, Deaktivieren, Aktivieren, Deaktivieren von sämtlichen installierten und aktivierten Plugins ersparen und direkt das betroffene Plugin deaktivieren.

Debug-Modus deaktivieren

Wichtig ist es aber, nach Abschluss der Debugging-Arbeiten den Debug-Modus wieder zu deaktivieren.

Durch einen aktivierten Debug-Modus werden zum einen unnötige Performance-Einbußen verursacht und zum anderen wird die Seite angreifbar, da so auch Außenstehende mögliche Fehler sehen und somit auch eventuelle Sicherheitslücken sichtbar sein könnten.

Also, immer daran denken, den Code in der *wp-config.php* wieder zu deaktivieren:

```
define( 'WP_DEBUG', false );
```

6.6.5 All-in-one – die options.php

Am Ende dieses Kapitels möchten wir Ihnen noch ein nettes Gimmick vorstellen. Wenn Sie die URL *www.ihre-website.de/wp-admin/options.php* Ihrer WordPress-Installation aufrufen, sehen Sie das Bild in Abbildung 6.22.

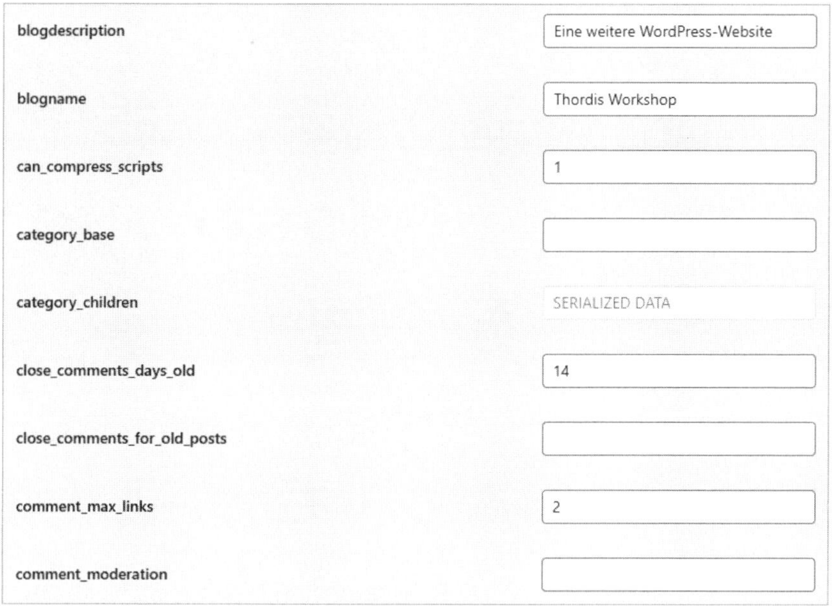

blogdescription	Eine weitere WordPress-Website
blogname	Thordis Workshop
can_compress_scripts	1
category_base	
category_children	SERIALIZED DATA
close_comments_days_old	14
close_comments_for_old_posts	
comment_max_links	2
comment_moderation	

Abbildung 6.22: Einstellungen in der options.php

Alle WordPress-Installationseinstellungen werden übersichtlich auf einer einzigen Seite dargestellt. Hier können auch Plugin-Einstellungen eingesehen und geändert und Einstellungen vorgenommen werden, für die es im Administrationsbereich keine Einstellmöglichkeiten gibt, wie z. B. die Einstellung des MIME-Typs für Weblog-Inhalte.

Diese Seite ermöglicht den direkten Zugriff auf Ihre Website-Einstellungen. Sie können hier Dinge zerstören. Bitte seien Sie vorsichtig!

Stichwortverzeichnis

Sabrina Forst

Erfolgreiche Webtexte
Verkaufsstarke Inhalte für
Webseiten, Online-Shops
und Content Marketing

2. Auflage

**Die wesentlichen Elemente
zielorientierter Webtexte**

**Themen und Inhalte für Content
Marketing und Blogs**

Storytelling, Werbe- und PR-Texte

Die textlichen Bausteine Ihrer Website haben einen enormen Einfluss auf Ihren Erfolg im Internet.

Über suchmaschinenoptimierte Inhalte holen Sie Besucher auf die Seite. Mit klaren Beschriftungen, knackigen Überschriften, Infotexten und Produktbeschreibungen beantworten Sie Fragen, beraten und begeistern. Durch transparente Team- und Firmenvorstellungen bauen Sie Vertrauen auf und machen Interessenten zu Kunden.

Frische Inhalte geben Anlass, auf Ihre Seite zurückzukehren. Hierbei sorgen verschiedene Content-Formate und Storytelling für Spannung und Abwechslung. Gleichzeitig machen Sie durch Pressemitteilungen, Fachartikel und Interviews die Medien auf Ihr Angebot aufmerksam.

In diesem Buch lernen Sie, wie Sie verkaufsstarke Texte für alle Bereiche Ihres Webauftritts erstellen.

Teil I des Buches beschäftigt sich mit der Grundausstattung Ihrer Website. Sie erfahren, wie eine gezielte Kundenansprache gelingt, welche Basistexte Sie brauchen und wie Sie diese für die Suchmaschinen optimieren.

Teil II behandelt den inhaltlichen Ausbau. Ein Mix aus Information, Unterhaltung und Interaktivität hält die Besucher bei Laune und lädt zum regelmäßigen Besuch ein.

In Teil III geht es um Social Media, Online-Marketing und Online-PR. Sie erfahren u.a., wie man Werbeanzeigen, Landingpages und Pressemitteilungen schreibt.

Teil IV hat das Outsourcing von Texten zum Inhalt. Hier bekommen Sie Tipps und Informationen zur Auslagerung der Texterstellung.

ISBN 978-3-95845-264-0

Probekapitel und Infos erhalten Sie unter:
www.mitp.de/264

Philipp Rieber

PHP & MySQL
Schnelleinstieg

Programmieren lernen
in 14 Tagen

Einfach und ohne Vorkenntnisse

Zahlreiche
Praxisbeispiele
und Übungen

- PHP programmieren lernen ohne Vorkenntnisse

- Alle Grundlagen für den professionellen Einsatz

- Einfache Praxisbeispiele und Übungsaufgaben

Mit diesem Buch gelingt Ihnen der einfache Einstieg in die Webentwicklung mit PHP und MySQL.

Alle Grundlagen werden in 14 Kapiteln anschaulich und leicht nachvollziehbar anhand von Codebeispielen erläutert. Übungsaufgaben am Ende der Kapitel helfen Ihnen, das neu gewonnene Wissen schnell praktisch anzuwenden und zu vertiefen.

Der Autor führt Sie Schritt für Schritt in die Welt der Programmierung mit PHP ein: von den Grundlagen über Objektorientierung bis zur Entwicklung dynamischer Webseiten mit MySQL-Datenbanken. Dabei lernen Sie ebenfalls, was guten Programmierstil ausmacht und wie sich Fehler von vornherein vermeiden lassen.

So sind Sie perfekt auf die Webentwicklung mit PHP und MySQL im professionellen Umfeld vorbereitet.

ISBN 978-3-7475-0395-9

Probekapitel und Infos erhalten Sie unter:
www.mitp.de/0395

Thomas Kobert

HTML und CSS für Kids

Ganz einfach eigene Webseiten erstellen

2. Auflage

HTML und CSS ganz leicht und Schritt für Schritt lernen

Eine Webseite mit allem Drum und Dran erstellen: Farbige Texte, übersichtliche Tabellen, schöne Bilder, praktische Formulare, interessante Videos und sogar Musik

Mit viel Hintergrundwissen zur Gestaltung sowie zur Suchmaschinenoptimierung

Es gibt viele Wege, eine eigene Webseite zu erstellen. Aber möchtest du es von Grund auf lernen, solltest du am besten HTML und CSS dazu verwenden. Thomas Kobert weiht dich Schritt für Schritt in die Grundlagen von HTML 5 und CSS 3 ein. Du lernst, mithilfe von HTML und einem Editor deine Webseite mit vielen Elementen zu füllen und zu gestalten: Überschriften, Zeilenumbrüche, Hyperlinks und schöne Textformatierungen gehören ebenso dazu wie das Einbinden von Bildern, Videos und Musik.

Mit CSS verschönerst du dann das Design: Ein toller Hintergrund, Rahmen, Aufzählungen und Tabellen machen aus deinen Webseiten einen Hingucker. Du lernst sogar, wie du Formulare selbst erstellst und erhältst zusätzlich ganz viele Profi-Tipps. Zusätzliches Wissen zu Suchmaschinenoptimierung und Quelltextvereinfachung geben dir das nötige Handwerkszeug für einen tollen eigenen Online-Auftritt.

Viele Fragen und Aufgaben helfen dir, das Gelernte zu festigen und eigenständig weiterzumachen. Am Ende des Buches findest du eine Übersicht über die wichtigs-ten HTML- und CSS-Befehle zum Nachschlagen.

ISBN 978-3-7475-0117-7

Probekapitel und Infos erhalten Sie unter:
www.mitp.de/0117